Wie ist die Strafbarkeit nach h.M. zu prüfen?

Strafrecht Basics: Karteikarte 1

I. Tatbestand

II. Rechtswidrigkeit

III. Schuld

IV. Ggfs. persönl. Strafausschließungsgründe

V. Ggfs. Strafverfolgungsvoraussetzungen

In welchen Konstellationen ist eine gedankliche Vorprüfung sinnvoll?

↳ Strafrecht Basics: Karteikarte 33, 45; Strafrecht AT I: Karteikarte 1

Gedankliche Vorprüfung

- Nur, falls zweifelhaft: **Anwendbarkeit des deutschen Strafrechts**
- **Versuch**
- Gegebenenfalls: **Tun oder Unterlassen?** (wenn Verhalten mehrdeutig)
- **Art der Beteiligung**: Teilnehmer i.S.v. §§ 26, 27 StGB oder mittelbarer Täter bzw. Mittäter?

Wie unterscheidet sich die finale von der kausalen Handlungslehre?
Welche Handlungslehre wird von der h.M. verfolgt?
Welche Auswirkungen hat dies auf die Prüfung des Vorsatzes?

Strafrecht AT I: Karteikarte 6

Kausale Handlungslehre	**Finale Handlungslehre**	**Soziale Handlungslehre (h.M.)**
Handlung = jedes gewillkürte Körperverhalten	Handlung = jedes willensgetragene, zweckgerichtete Verhalten	Handlung = jedes vom menschl. Willen beherrschte/beherrschbare sozialerhebl. Verhalten (unter Berücksichtigung finaler/kausaler Aspekte)
Vorsatz wird als subjektives Element i.R.d. Schuld geprüft	Vorsatz wird als Teil der Handlung lediglich im subj. Tatbestand geprüft	Vorsatz ist Teil des subj. TB *und* Teil der Schuld (*sog. Vorsatzschuld*)

In welchen Fällen wird ein willensgetragenes menschliches Verhalten verneint?

Strafrecht AT: Karteikarten 6, 8

Handlung i.S.d. Strafrechts (-), falls

Menschliches Verhalten (-):	Willensgetragenes Verhalten (-):
• Naturereignisse • Juristische Personen • Verhalten von Tieren	• Reflexbewegungen • Vis absoluta • Bewusstlosigkeit • Nicht (!): bei Schreckreaktionen (z.B. Spontan- und Affekthandlungen) → sind zwar „automatische“ Bewegungen, aber willensgesteuert

Wie können die Straftatbestände hinsichtlich der Tathandlung unterteilt werden?

Strafrecht AT I: Karteikarten 138 ff.; Strafrecht Basics: Karteikarten 43 ff.

Tathandlung

Positives Tun
(Begehungsdelikte)

Unterlassen
(Unterlassungsdelikte)

Echte Unterl.delikte:
Unterlassen ist im TB beschrieben (z.B. §§ 138, 323c I, 123 I Alt. 2 StGB)

Unechte Unterl.delikte:
Nichtabwendbarkeit des Erfolges steht unter den Voraussetzungen des § 13 StGB aktivem Tun gleich

Wie unterscheiden sich die Allgemein- von den Sonderdelikten?

↳ Strafrecht AT I: Karteikarte 101; Strafrecht Basics: Karteikarte 24

Unterscheidung erfolgt danach, wer als Täter in Betracht kommt

Allgemeindelikte

Jedermann kann Täter sein

Sonderdelikte

Eigenschaft des Handlungssubjekts begrenzt den Täterkreis

Echte S.

(z.B. § 331 StGB)
→ Eigenschaft ist strafbegründend

Unechte S.

(z.B. § 258a StGB)
→ Eigenschaft ist strafschärfend

Wie unterscheiden sich die Zustands- von den Dauerdelikten?

Anknüpfungspunkt ist das **willentliche Aufrechterhalten** bzw. die **bloße Herbeiführung** eines rechtswidrigen **Zustands**

Dauerdelikte

Mit Eintritt des tatbestandsmäßigen, rechtswidrigen Zustands ist das Delikt *vollendet*, aber erst mit der Aufhebung des Zustands *beendet* (z.B. § 239 StGB)

Zustandsdelikte

Mit Eintritt des tatbestandsmäßigen, rechtswidrigen Zustands ist das Delikt *vollendet* und häufig gleichzeitig *beendet* (z.B. § 223 StGB)

Worin kann der tatbestandliche Erfolg bestehen?

Strafrecht AT I: Rn. 83a ff., Karteikarte 5

Taterfolg

Verletzungsdelikte

Schädigung des in Betracht kommenden Handlungsobjekts

z.B. §§ 303, 223, 212 StGB

Konkrete Gefährdungsdelikte

Gefährdung eines bestimmten Handlungsobjekts

z.B. §§ 221 I, 315b I, 315c I StGB

Wie sind die konkreten von den abstrakten Gefährdungsdelikten abzugrenzen?

Strafrecht AT I: Rn. 87, 88

Gefährdungsdelikte

konkrete

Gefahr muss im Einzelfall konkret in Erscheinung treten

→ ihr Eintritt ist Tatbestandsmerkmal

z.B. §§ 315c I, 306a II StGB

abstrakte

Strafbarkeit resultiert aus der generellen Gefährlichkeit einer bestimmten Verhaltensweise

→ der tatsächliche Eintritt einer konkreten Gefahr ist nicht erforderlich

z.B. §§ 316, 306a I StGB

Wie kann man die Erfolgs- von den Tätigkeitsdelikten differenzieren?

Strafrecht AT I: Rn. 89; Karteikarte 5

Unterscheidung erfolgt danach, was zur **Verwirklichung des Tatbestandes** erforderlich ist

Erfolgsdelikte	**Schlichte Tätigkeitsdelikte**
Es muss ein neben der Handlung abgrenzbarer Erfolg in der Außenwelt eintreten	Das bloße Tätigwerden reicht für TB-Verwirklichung aus
Bsp.: §§ 212, 223 StGB	**Bsp.:** § 153 StGB

Im StGB gibt es Gruppen von Delikten, die sich mit der gleichen oder ähnlichen Verbotsmaterie befassen. Was versteht man unter einem Grundtatbestand, was unter selbständigen bzw. unselbständigen Abwandlungen tatbestandlicher Art?

↳ Strafrecht AT I: Karteikarte 10

Grundtatbestand	Der Grundtatbestand ist die Grundform des Deliktstyps und gibt dem Delikt das typische Gepräge
Unselbständige Abwandlungen	Qualifizierung und Privilegierung: Der Grundtatbestand wird um spezielle Merkmale in Form einer abschließenden und zwingenden Regelung modifiziert
Selbständige Abwandlungen	Die Rechtsnorm hat sich vom Ausgangstatbestand gelöst und stellt ein Delikt mit eigenständigem Unwert dar (z.B. § 252 zu § 242 StGB)

Worin liegt der Unterschied zwischen Abwandlungen tatbestandlicher und nichttatbestandlicher Art?

Inwiefern wirkt sich dieser Unterschied hinsichtlich der Einteilung der einzelnen Normen aus?

↳ Strafrecht AT I: Karteikarten 4, 10

Abwandlung

Tatbestandlicher Art
Bsp: § 244 zu § 242 StGB

Für den Strafrichter abschließende und zwingende Regelung

Einteilung nach Verbrechen bzw. Vergehen richtet sich hier nach **§ 12 I, II StGB**

Nichttatbestandlicher Art
Bsp: § 243 zu § 242 StGB

Für den Strafrichter weder abschließend noch zwingend

Solche Abwandlungen bleiben für die Einteilung nach Verbrechen bzw. Vergehen außer Betracht, **§ 12 III StGB**

An welcher Stelle und in welcher Form sind die Regelbeispiele zu prüfen?

↳ Strafrecht AT I: Karteikarte 19

Die Regelbeispiele beschreiben grds. **besonders schwere Fälle** (z.B. §§ 263 III, 243 StGB) und stellen **Abwandlungen nichttatbestandlicher Art dar**

Prüfungsreihenfolge:

A. GrundTB (TB, RWK, Schuld)

B. Regelbeispiel:
obj. Merkmale
subj. Merkmale

falls (+)

Bes. schwerer Fall indiziert
→ Kann aber dennoch im Einzelfall abgelehnt werden

falls (-)

Bes. schwerer Fall nicht indiziert
→ Kann aber dennoch im Einzelfall bejaht werden

Was ist der Unterschied zwischen einem Verbrechen und einem Vergehen?

Wo erlangt dieser Unterschied vor allem praktische und klausurmäßige Bedeutung?

↳ Strafrecht AT I: Karteikarten 4, 78

Verbrechen ⟺ **Vergehen**

Verbrechen: Rechtswidrige Tat, die im Mindestmaß mit Freiheitsstrafe von einem Jahr oder darüber bedroht ist, § 12 I StGB

Vergehen: Rechtswidrige Tat, die im Mindestmaß mit einer Freiheitsstrafe von weniger als einem Jahr oder mit einer Geldstrafe bedroht ist, § 12 II StGB

Bedeutung dieser Differenzierung

- Bei der Frage nach der Strafbarkeit des Versuchs (vgl. § 23 I StGB)
- Bei der Frage nach der Strafbarkeit des Versuchs der Beteiligung (vgl. § 30 I StGB)
- I.R.d. Verfahrenseinstellung (§§ 153 ff. StPO)

So lernen Sie richtig mit der Hemmer-Box:

1. Verstehen: Haben Sie den gelesenen Stoff verstanden, wandert die Karte auf Stufe 2. Wiederholen am nächsten Tag.

2. erstes Wiederholen: Haben Sie den Stoff behalten, wandert er von Stufe 2 zu Stufe 4.

3. kleine Strafrunde: Konnten Sie den Inhalt von Stufe 2 nicht exakt wiedergeben, arbeiten Sie die Themen bitte noch einmal durch, dann damit zurück zu Stufe 2.

4. fundiertes Wissen: Wiederholen Sie die hier einsortierten Karten nach einer Woche noch einmal. Konnten Sie alles wiedergeben? Dann können Sie vorrücken zu Stufe 5.

5. Langzeitgedächtnis: Wiederholen Sie auf dieser Stufe das Gelernte im Schnelldurchlauf nach einem Monat. Sollten noch Fragen offen bleiben, gehen Sie bitte eine Stufe zurück.

Welche Prüfungspunkte können im objektiven Tatbestand eines Erfolgsdelikts anzusprechen sein?

Strafrecht AT I: Rn. 64; Karteikarten 9, 23, 26

Objektiver Tatbestand

- Tatsubjekt
- Tatobjekt
- Ausführungshandlung
- Erfolg
- Kausalität zwischen Handlung und Erfolg
- **h.L.:** obj. Zurechnung

Wann ist eine Handlung für den Erfolg im strafrechtlichen Sinn kausal?

↳ Strafrecht AT I: Rn. 102 ff.; Karteikarte 12

Strafrechtliche Kausalität

h.M.:
Äquivalenztheorie

Die Handlung kann nicht hinweggedacht werden, ohne dass der Erfolg in seiner konkreten Gestalt entfiele

m.M.:
Adäquanztheorie

Aufgrund der Handlung kann nach allg. Lebenserfahrung mit dem Erfolgseintritt gerechnet werden

Problem: Verursachung und Zurechnung werden nicht sauber getrennt

In welcher Konstellation wird die Äquivalenztheorie von der h.M. modifiziert?

↳ Strafrecht AT I: Rn. 112; Karteikarte 12

Bei der sog. alternativen Kausalität

Zwei Ursachen, von denen jede auch für sich allein den konkreten Erfolg herbeigeführt hätte, führen zum selben Erfolg (Bsp.: Zwei Personen zünden unabhängig voneinander zeitgleich eine Handgranate in unmittelbarer Nähe des Opfers)

Modifikation

Beide Ursachen sind kausal, wenn sie zwar alternativ, nicht aber kumulativ hinweggedacht werden können, ohne dass der Erfolg entfiele

In welchen Fallgruppen bedarf die Äquivalenztheorie keiner Modifikation?

Strafrecht AT I: Rn. 108 ff.; Karteikarte 12

Keiner Modifikation bedarf die Theorie in Fällen der

kumulativen Kausalität	überholenden Kausalität	hypothetischen Kausalität
Grund: Wird die Handlung hinweggedacht, entfällt der Erfolg	Grund: Nur die Ursache ist kausal, die den Erfolg in seiner konkreten Gestalt hervorruft	Grund: Reserveursachen sind unbeachtlich

Was ist ein atypischer Kausalverlauf?
Beseitigt er die Kausalität?

Strafrecht AT I: Karteikarte 14

Atypischer Kausalverlauf (+), wenn der eingetretene Erfolg außerhalb dessen liegt, was nach allg. Lebenserfahrung hätte erwartet werden können

Ein solcher Verlauf lässt die Kausalität *nicht* entfallen

Er ist aber i.R.d. **objektiven Zurechnung** zu problematisieren bzw. beim Vorsatz

Was besagt die „Lehre von der objektiven Zurechnung"?

Strafrecht AT I: Karteikarte 14

Der obj. TB eines Erfolgsdelikts ist nur dann erfüllt, wenn der Erfolg dem Täter **objektiv zurechenbar** ist

→ Obj. Zurechnung i.d.S. (+), wenn der Täter durch sein Verhalten

eine rechtlich missbilligte Gefahr geschaffen hat

\+

gerade diese Gefahr sich im konkreten Erfolg verwirklicht hat

Nennen Sie die wichtigsten Fallgruppen, in denen keine rechtlich missbilligte Gefahr geschaffen wird!

↳ Strafrecht AT I: Karteikarten 15, 16, 18

Rechtlich missbilligte Gefahr (-), wenn

- der Schutzzweck der verletzten Verhaltensnorm nicht betroffen ist
- das Täterverhalten dem Bereich des erlaubten Risikos zuzuordnen ist
- durch das Verhalten ein Risiko lediglich verringert wurde

Beachten Sie: die Grenzen zwischen den einzelnen Kriterien sind häufig fließend → eine strenge Zuordnung ist daher oft nicht möglich

In welchen Fällen verwirklicht sich die Gefahr nicht im konkreten Erfolg?

Strafrecht AT I: Karteikarten 14, 17

Die geschaffene Gefahr verwirklicht sich nicht im eingetretenen Erfolg

- bei atypischen Kausalverläufen
- bei fehlendem Pflichtwidrigkeitszusammenhang
- bei freiverantwortlicher Selbstgefährdung des Opfers
- wenn der Erfolg auf einem Dazwischentreten Dritter beruht

Objektive Zurechnung

Wann ist der Schutzzweck der Norm betroffen?

Wann ist das Täterverhalten dem Bereich des erlaubten Risikos zuzurechnen?

Wann spricht man von einer bloßen Risikoverringerung?

↳ Strafrecht AT I: Karteikarten 14 ff.

Schutzzweck betroffen →	(+), wenn der Täter gegen eine Norm verstößt, die gerade dem Schutz des verletzten Rechtsguts dient
Erlaubtes Risiko →	(+), wenn das Verhalten aufgrund des sozialen Nutzens trotz Gefährlichkeit erlaubt ist (**Bsp.:** Teilnahme am Straßenverkehr)
Bloße Risikoverringerung →	(+), wenn der Täter eine Verletzung verursacht, um einen schwereren Erfolg zu vermeiden und dadurch keine eigenständige Gefahr geschaffen wird

Wann fehlt der Pflichtwidrigkeitszusammenhang?

Ist die Zurechnung zu bejahen, wenn bei rechtmäßigem Alternativverhalten der Erfolg nur *möglicherweise* vermeidbar wäre?

↳ Strafrecht AT I: Rn. 116 ff.; Karteikarte 16

Pflichtwidrigkeitszusammenhang

(-), wenn der herbeigeführte Erfolg auch bei pflichtgemäßem Verhalten des Täters eingetreten wäre
→ sog. rechtmäßiges Alternativverhalten

Problem: Wenn Erfolg nur *möglicherweise* vermeidbar war:

Risikoerhöhungslehre:
Erfolg dennoch zurechenbar, sofern das Täterverhalten das Risiko des Erfolgseintritts ggü. dem erlaubten Risiko erhöht hat

h.M.:
Die geschaffene Gefahr muss sich *tatsächl.* im Erfolg realisieren
↳ ansonsten:
Anwendung von „in dubio pro reo“

Wann beruht der Erfolg auf einem Dazwischentreten Dritter?

Wann spricht man von einer freiverantwortlichen Selbstgefährdung des Opfers?

Strafrecht AT I: Karteikarten 17, 18

Der Erfolg beruht auf dem Dazwischentreten Dritter

wenn der Dritte ein neues, allein von ihm steuerbares Risiko geschaffen hat

+

und dieses Risiko sich dann auch allein verwirklicht hat

Freiverantwortliche Selbstgefährdung (+):

Wenn der Erfolg auf einer

- bewussten
- eigenverantwortlich gewollten und
- verwirklichten Selbstgefährdung beruht

Ist die Teilnahme an einer bewussten und freiverantwortlichen Selbstgefährdung strafbar?

Differenzierung danach, ob der Betreffende

vorsätzlich oder **fahrlässig** handelt

vorsätzlich	fahrlässig
Teilnahme gem. §§ 26, 27 StGB (-), da es bereits an einer Haupttat fehlt	Teilnahme (-), da die §§ 26, 27 StGB Vorsatztaten erfordern

Kommt bei einer bewussten und freiverantwortlichen Selbstgefährdung ein anderer als Täter in Betracht?

Differenzierung danach, ob der Betreffende

vorsätzlich oder **fahrlässig** handelt

vorsätzlich

denkbar:
mittelb. Täterschaft
(§ 25 I Alt. 2 StGB)

regelmäßig (-), da keine Tatherrschaft

fahrlässig handelt

denkbar:
Fahrlässigkeitsdelikte
(z.B. §§ 222, 229 StGB)

regelmäßig (-), da Erfolg nicht zurechenbar

Worin besteht der Unterschied zwischen einer einvernehmlichen Fremdgefährdung und der Beteiligung an einer eigenverantwortlichen Selbstgefährdung?

Strafrecht AT I: Karteikarte 17

Entscheidendes Kriterium: **Tatherrschaft**

Fremdgefährdung

Der *Außenstehende* beherrscht das Geschehen

TB (+), aber Behandlung wie Einverständnis oder Einwilligung

Selbstgefährdung

Der *Geschädigte* beherrscht das Geschehen

grds. straflos, da obj. Zurechnung (-)

Lässt eine einvernehmliche Fremdgefährdung den Zurechnungszusammenhang entfallen?

↳ Strafrecht Basics: Karteikarte 5

Einvernehmliche Fremdgefährdung

m.M.: obj. Zurechnung (-),
wenn Schutzzweck der Norm nicht betroffen

h.M.: obj. Zurechnung (+)
Aber: wie Einverständnis bzw. Einwilligung zu behandeln

Welche Unterschiede bestehen zwischen Einverständnis und Einwilligung?

Strafrecht AT I: Karteikarten 63 f.

Einverständnis		**Einwilligung**
tatsächlicher Charakter	⟷	rechtlicher Charakter
erforderlich: nur natürliche Willensfähigkeit	⟷	erforderlich: Dispositions- und Einwilligungsfähigkeit
muss nicht geäußert werden	⟷	bedarf einer Manifestation nach außen
kann grds. auch auf Willensmängeln beruhen	⟷	darf nicht auf wesentl. Willensmängeln beruhen
schließt TB aus	⟷	schließt RWK aus

Einverständnis und Einwilligung müssen ernstlich und freiwillig sein und bei Beginn der Tatausführung vorliegen

Bei welchen Delikten kommt ein tatbestandsausschließendes Einverständnis in Betracht?

Strafrecht AT I: Karteikarten 63, 64

Tatbestandsausschließendes Einverständnis

↓

Bei Delikten, die ein Handeln ohne oder *gegen den Willen des Rechtsgutsträgers* voraussetzen

↓

Bsp.: §§ 123, 240, 242, 248b StGB

Objektive Bedingungen der Strafbarkeit

Welche Rolle spielen objektive Bedingungen der Strafbarkeit i.R.d. Prüfung der Strafbarkeit?

Strafrecht AT I: Rn. 181

Die **objektiven Bedingungen** gehören nicht zum obj. TB!

Prüfungsaufbau:

A. Tatbestand
- I. Obj. Tatbestand
- II. Subj. Tatbestand
- **III.** Obj. Bed. der Strafbarkeit

B. Rechtswidrigkeit
C. Schuld
D. Sonstiges

Konsequenz: Der Vorsatz muss sich *nicht* auf die obj. Bedingungen der Strafbarkeit beziehen

Nennen Sie die wichtigsten im StGB normierten objektiven Strafbarkeitsbedingungen!

Strafrecht AT I: Rn. 181

Objektive Bedingungen der Strafbarkeit

Nichterweislichkeit der ehrenrührigen Tatsache	Schwere Folge bei der Beteiligung an einer Schlägerei	Zahlungseinstellung bzw. Eröffnung des Insolvenzverfahrens	Vorliegen einer rechtswidrigen Tat
§ 186 StGB	**§ 231 StGB**	**§ 283 VI StGB**	**§ 323a StGB**

Was versteht man unter dem Regel-Ausnahme-Verhältnis zwischen Tatbestand und Rechtswidrigkeit?

Strafrecht AT I: Karteikarten 32

Grundsatz

Das Vorliegen des **Tatbestands** indiziert **Rechtswidrigkeit** des Verhaltens

Ausnahmen

- Sog. „offene“ Tatbestände
- Eingreifen von Rechtfertigungsgründen

Was versteht man unter einem sogenannten offenen Tatbestand?

Wie wirken sich offene Tatbestände bei der Prüfung der Rechtswidrigkeit aus?

↳ Strafrecht Basics: Karteikarte 11

„Offene“ Tatbestände (Bsp.: §§ 240, 253 StGB)

Die Tatbestände sind sehr weit gefasst → Positive Feststellung der *Verwerflichkeit* auf RWK-Ebene erforderlich

In der Klausur: Die RWK muss *positiv* festgestellt werden

Zuerst: Prüfung **allgemeiner Rechtfertigungsgründe** → Wenn (-) → Dann: **Verwerflichkeitsprüfung** (z.B. bei §§ 240, 253 StGB)

Wann ist die Verwerflichkeit i.S.d. §§ 240 II, 253 II StGB zu bejahen?

Strafrecht AT I: Karteikarte 32

Verwerflichkeit von

Nötigungsmittel

Nötigungszweck

Verwerflich ist, was sozial unerträglich und sozialethisch in besonders hohem Maße zu missbilligen ist

Verwerflichkeit kann auch durch eine unerträgliche Verknüpfung von Nötigungsmittel und Nötigungszweck entstehen

Welche Rechtfertigungsgründe aus dem BGB sind anerkannt?

↳ Strafrecht AT I: Karteikarte 193; Strafrecht Basics: Karteikarte 15

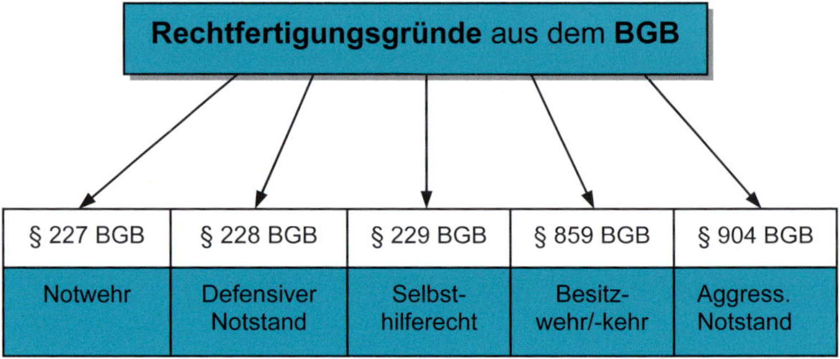

Welcher Unterschied besteht zwischen dem defensiven (§ 228 BGB) und dem aggressiven (§ 904 BGB) Notstand?

↳ Strafrecht AT I: Karteikarte 59

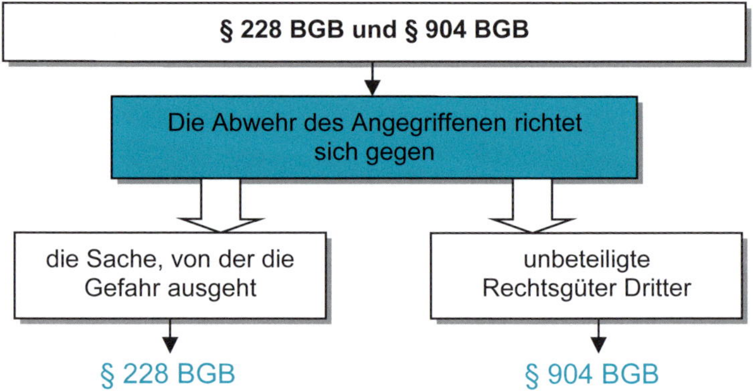

Nennen Sie im StGB normierte Rechtfertigungsgründe!

Wie verhält sich § 34 StGB zu den in §§ 228, 904 BGB geregelten Rechtfertigungsgründen?

↳ Strafrecht AT I: Rn. 193; Karteikarte 58

Rechtfertigungsgründe aus dem StGB

- § 32 StGB, Notwehr
- § 34 StGB, Notstand → Die §§ 228, 904 BGB sind spezieller → In der Klausur sind sie vor § 34 StGB zu prüfen
- § 193 StGB, Wahrnehmung berechtigter Interessen

Welche Voraussetzungen hat die Notwehr gemäß § 32 StGB?

Strafrecht AT I: Karteikarten 33 f.

A. Objektive Merkmale →

1. Notwehrlage:
- Angriff
- Gegenwärtigkeit
- Rechtswidrigkeit

2. Notwehrhandlung:
- Verteidigung gegenüber dem Angreifer
- Erforderlichkeit
- Gebotenheit

B. Subjektives Merkmal →

3. Verteidigungswille

Was versteht man unter einem Angriff?

Welche Güter bzw. Interessen sind insoweit rechtlich geschützt?

↳ Strafrecht AT I: Karteikarten 33 f.

Angriff = Jede durch menschliches Verhalten drohende Verletzung rechtlich geschützter Güter oder Interessen

⇩

Rechtlich geschützt sind

↙ Individualrechtsgüter des Bürgers, z.B.:

- Leib
- Ehre
- Freiheit
- Eigentum

↘ Rechtsgüter des Staates

- Fiskus
- Hoheitsträger (str.)

Nicht: der Staat allgemein

Wann ist ein Angriff gegenwärtig?

Wann ist ein Angriff rechtswidrig?

↳ Strafrecht AT I: Karteikarten 35, 36

Ein Angriff ist **gegenwärtig** i.S.d. § 32 StGB, wenn er…

- unmittelbar bevorsteht
- gerade stattfindet
- oder noch fortdauert

Rechtswidrig ist ein Angriff i.S.d. § 32 StGB, wenn er

- objektiv der **Rechtsordnung zuwiderläuft**

\+

- nicht durch einen **Erlaubnissatz gedeckt** ist

Wann ist eine Notwehrhandlung erforderlich?

↳ Strafrecht AT I: Karteikarte 38

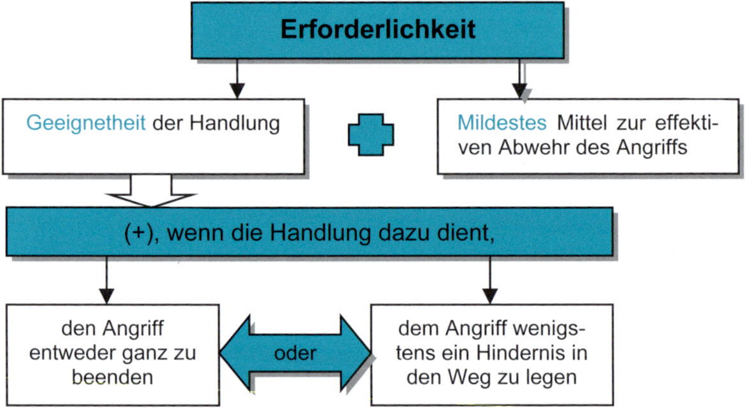

Welche Anforderungen sind an das Merkmal „mildestes Mittel“ zu stellen?

Es sind **keine strengen Anforderungen** hieran zu stellen

Arg.: die Aggression rührt vom Angreifer her

Unsicherheiten bzgl. der Effizienz verschiedener in Betracht kommender Notwehrhandlungen gehen zu Lasten des Angreifers. Der Angegriffene kann ein Mittel wählen, welches den Angriff dauerhaft abzuwehren vermag.

Welche Ratio steckt hinter dem Notwehrrecht?

Strafrecht AT I: Karteikarte 39

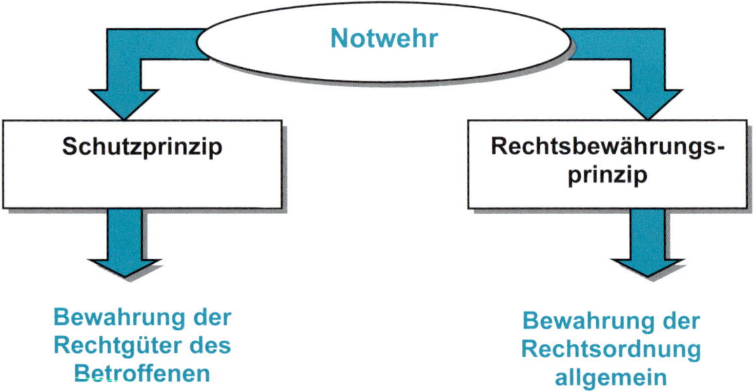

In welchen Fällen kann das Merkmal der Gebotenheit zu einem Ausschluss des Notwehrrechts führen?

Strafrecht AT I: Karteikarten 39, 42

Ausschluss des Notwehrrechts

Krasses Missverhältnis zwischen verteidigtem und durch die Verteidigung beeinträchtigtem Rechtsgut

h.M.: Absichtsprovokation

(str. → **m.M.:** lediglich *eingeschränktes* Notwehrrecht)

Ratio des Ausschlusses: In den Fällen des Rechtsmissbrauchs entfällt das Motiv der *Rechtsbewährung*, welches - wie das Schutzprinzip - das Institut der Notwehr begründet

In welchen Fällen ist das Notwehrrecht eingeschränkt?

Wie hat sich der Angegriffene zu verhalten, dessen Notwehrrecht eingeschränkt ist?

Strafrecht AT I: Karteikarten 39, 40, 41

In bestimmten Fällen entfällt das Motiv der Rechtsbewährung, welches - wie das Schutzprinzip - das Institut der Notwehr begründet
→ Einschränkungen des Notwehrrechts sind geboten...

zw. Personen mit engen familiären Beziehungen	bei Bagatellangriffen (sog. Unfugabwehr)	gegenüber schuldlos Handelnden (z.B. Kinder, § 19 StGB)	in Fällen der *unabsichtlichen* Notwehrprovokation

Pflichten des Angegriffenen in diesen Fällen

In erster Linie: **Pflicht zum Ausweichen**	Wenn Ausweichen unmöglich: **bloße Schutzwehr**	Wenn Schutzwehr unmöglich: **Trutzwehr**

Welches subjektive Rechtfertigungselement ist nach h.M. erforderlich, um eine Notwehr bejahen zu können?

Steht es dem Verteidigungswillen entgegen, wenn der Täter aus weiteren Motiven (z.B. Hass oder Wut) handelt?

↳ Strafrecht AT I: Rn. 188 ff.; Karteikarte 43

Verteidigungswille

Kenntnis von der Notwehrlage + **Wille zur Angriffsabwehr**

Verteidigungswillen nicht deswegen (-), weil der Täter auch aus anderen Motiven (z.B. Hass oder Wut) handelt, solange diese nur ein Begleitmotiv darstellen

Was ist die Rechtsfolge, wenn zwar objektiv eine Notwehrlage vorliegt, der Angegriffene aber ohne Verteidigungswillen handelt?

Strafrecht AT I: Karteikarte 43

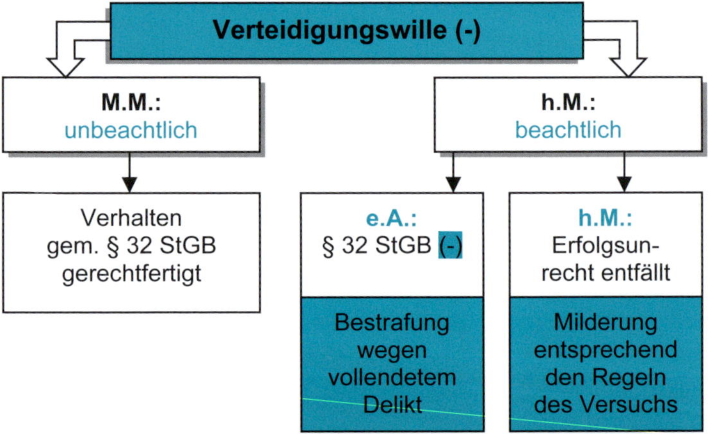

Bei wem muss der Verteidigungswille im Falle der Nothilfe i.S.d. § 32 II StGB vorliegen?

Welche Rechtsfolgen ergeben sich, falls eine der beiden subjektiven Komponenten bei der Nothilfe nicht gegeben ist?

Strafrecht AT I: Karteikarte 44

Subjektives Rechtfertigungselement im Fall der Nothilfe

Verteidigungswille des Helfers

Wenn (-)

Milderung der Strafbarkeit nach h.M. entsprechend §§ 23 II, 49 StGB möglich

Verteidigungswille des Angegriffenen

Wenn (-)

Helfer handelt rechtswidrig. Möglich aber: Erlaubnistatbestandsirrtum

Nennen Sie die Voraussetzungen der rechtfertigenden Einwilligung!

↳ Strafrecht AT I: Karteikarte 63

Voraussetzungen für eine **rechtfertigende Einwilligung**

• Dispositionsbefugnis des Einwilligenden
• Einwilligungsfähigkeit des Einwilligenden
• Freiwilligkeit des Einwilligenden
• Konkludente oder ausdrückliche Erklärung vor der Tat
• Täter handelt in Kenntnis u. aufgrund der Einwilligung

Was versteht man unter der Dispositionsbefugnis?

In welchen Fällen ist die Dispositionsbefugnis ausgeschlossen?

Strafrecht AT I: Karteikarte 63

Dispositionsbefugnis = Die Möglichkeit des Einwilligenden, über das betreffende Rechtsgut zu verfügen

Unzulässige Verfügungen

Verfügung über das **Leben**

vgl. § 216 StGB
Ausnahme: „Behandlungsabbruch"

Verfügung über **Rechtsgüter der Allgemeinheit**

z.B. Einwilligung in Hochverrat gegen den Bund, § 81 StGB

Wann ist der Zustimmende einwilligungsfähig?

↳ Strafrecht AT I: Karteikarte 63

Einwilligungsfähigkeit

↓

Der Einwilligende muss natürliche Einsichts- und Urteilsfähigkeit besitzen → Geschäftsfähigkeit ist nicht erforderlich

↓

Natürliche Einsichts- und Urteilsfähigkeit

↓

Der Einwilligende muss nach geistiger und sittlicher Reife imstande sein, Bedeutung und Tragweite des Rechtsgutsverzichts zu erkennen

Welche Anforderungen sind an das Kriterium der Freiwilligkeit zu stellen?

Nennen Sie wesentliche Willensmängel!

Freiwilligkeit: Die Einwilligung muss **ernstlich, ohne Druck von außen** und **frei von Willensmängeln** sein

(-) bei:

- Erzwingung durch Nötigung
- Erschleichen durch Täuschung
- Irrtum (**h.M.**; M.M.: nur ein *rechtsgutsbezogener* Irrtum führt zur Unwirksamkeit)
- Verletzung der ärztlichen Aufklärungspflicht

Welche Punkte sind bei der mutmaßlichen Einwilligung zu überprüfen?

Strafrecht AT: Karteikarte 65 I

Voraussetzungen der mutmaßlichen Einwilligung

- Subsidiarität ggü. der tatsächlichen Einwilligung
- Dispositionsbefugnis des Betroffenen
- Einwilligungsfähigkeit
- Hypothetischer Wille des Rechtsgutsinhabers
- Tathandlung, die dem hypoth. Willen entspricht
- Wille, im Sinne des Rechtsgutsinhabers zu handeln

Welche wichtigen Einschränkungen bei der Einwilligungsmöglichkeit sind im Besonderen Teil des StGB normiert?

↳ Strafrecht AT: Karteikarte 65 I

§ 228 StGB	**§ 216 StGB**
Bzgl. Körperverletzungsdelikte	Bzgl. Tötungsdelikte
Die Tat bzgl. der Körperverletzung darf nicht sittenwidrig sein	Eine rechtfertigende Einwilligung ist mangels Dispositionsbefugnis über das Rechtsgut Leben grundsätzlich nicht möglich

Wie lassen sich Notstände einteilen?

Strafrecht Basics: Karteikarten 14, 20

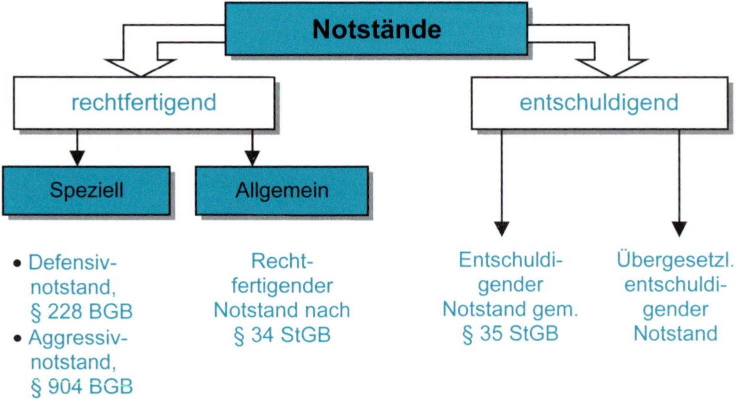

Stellen Sie das Prüfungsschema für den rechtfertigenden Notstand i.S.d. § 34 StGB dar!

Strafrecht Basics: Karteikarte 14; Strafrecht AT I: Rn. 252 ff.

I. Konfliktlage	• Gegenwärtige • Gefahr • Für ein notstandsfähiges Rechtsgut
II. Handlung	• Gegen Rechtsgut eines anderen gerichtet
III. Grenzen	• Gefahr nicht anders abwendbar • Interessenabwägung • Angemessenheit
IV. Subjektive Elemente	• Kenntnis der rechtfertigenden Umstände • Handeln zur Gefahrenabwehr

Welche Voraussetzungen sind für das Merkmal der Gefahr i.S.d. § 34 StGB zu erfüllen?

Strafrecht AT I: Karteikarte 51

Gefahr i.S.d. § 34 StGB

(+), wenn aufgrund tatsächlicher Umstände im Zeitpunkt der Notstandshandlung der Eintritt eines Schadens (oder die Beeinträchtigung eines Rechtsguts) wahrscheinlich ist

Dabei muss die Konfliktlage objektiv gegeben sein → d.h. eine bloße Anscheinsgefahr reicht nicht aus

Wahrscheinlich i.d.S. ist der Eintritt, wenn innerhalb vernünftiger Lebenserfahrung mit dem Schadenseintritt gerechnet werden muss

Was versteht man unter einer gegenwärtigen Gefahr i.S.d. § 34 StGB?

Ist auch bei einer Dauergefahr eine Notstandslage i.S.d. § 34 StGB gegeben? Wann ist eine Dauergefahr gegenwärtig?

Strafrecht AT I: Karteikarten 51, 52

Gefahr = gegenwärtig

wenn sie bei natürlicher Weiterentwicklung der Sachlage alsbald oder in allernächster Zeit in einen Schaden umschlagen kann (→ Die Gegenwärtigkeit einer Gefahr reicht weiter als die eines Angriffs i.S.d. § 32 StGB)

Sonderfall: **Dauergefahr** (= gefahrdrohender Zustand von längerer Dauer, der jederzeit in einen Schaden umschlagen kann)

Gegenwärtigkeit (+), wenn sie so dringend ist, dass sie nur durch ein *unverzügliches* Handeln wirksam abgewendet werden kann

Nennen Sie notstandsfähige Rechtsgüter i.S.d. § 34 StGB!

Notstandsfähig i.S.d. § 34 StGB

- Leben
- Leib
- Freiheit
- Ehre
- Eigentum

„oder ein anderes Rechtsgut"

keine abschließende Regelung

Notstandsfähig ist *jedes rechtlich anerkannte Interesse*, auch wenn seine Beeinträchtigung keinen Straftatbestand erfüllt

Was ist bei dem Merkmal der fehlenden anderen Abwendbarkeit i.S.d. § 34 S. 1 StGB zu prüfen?

„Nicht anders abwendbar“ i.S.d. § 34 StGB

entspricht dem Inhalt der Erforderlichkeit der Notwehrhandlung i.S.d. § 32 StGB

↓

Die vom Täter vorgenommene Notstandshandlung muss geeignet und zugleich das mildeste Mittel zur sicheren und endgültigen Gefahrenabwehr sein

Wie muss die Interessenabwägung bei der Prüfung des § 34 StGB vorgenommen werden?

↳ Strafrecht AT I: Karteikarte 53

Interessenabwägung i.S.d. § 34 StGB

Rechtfertigung nach § 34 StGB setzt voraus, dass das geschützte Interesse das beeinträchtigte *wesentlich überwiegt*

I. Zunächst ist eine Güterabwägung erforderlich

→ Dabei ist vom abstrakten Rang- und Wertverhältnis von Eingriffsgut und Erhaltungsgut auszugehen

II. Entscheidend ist aber dabei der Grad der den Rechtsgütern drohenden Gefahr in der konkreten Situation

→ Insbesondere Art, Intensität und Nähe der Gefahr sowie Art und Umfang der Werteinbuße

Ist eine Rechtfertigung nach § 34 StGB bei der Tötung eines Menschen durch aktives Tun möglich?

↳ Strafrecht AT I: Karteikarten 54

Rechtfertigung einer **Tötung** gem. § 34 StGB möglich?

↓

(-); Arg.: eine Abwägung Leben gegen Leben würde bedeuten, ein Leben als weniger schutzwürdig anzusehen als ein anderes

↓

Es gilt der Grundsatz des absoluten Lebensschutzes: Eine Tötung anderer durch aktives Tun kann allenfalls nach § 32 StGB gerechtfertigt bzw. nach § 35 StGB entschuldigt sein

In welchen Fallgruppen entfällt trotz positiver Interessenabwägung die Angemessenheit i.S.d. § 34 S. 2 StGB?

Strafrecht AT I: Karteikarte 56

1. Besondere Gefahrtragungspflichten	Aus einer besonderen Rechtsstellung aus Beruf oder Garantenstellung (z.B. Polizisten, Feuerwehrleute)
2. Notstandsprovokation	Wie bei der Notwehrprovokation wird auch hier nach h.M. das Notstandsrecht eingeschränkt
3. Verstoß gg. oberste Rechtsprinzipien	Enthält die Rechtsordnung zur Bewältigung bestimmter Konflikte abschließend geregelte Verfahren, so muss der Täter diese Verfahrensregeln einhalten (z.B. § 136a StPO)
4. Nötigungsnotstand	Str.; siehe folgende Karteikarte

Kann eine Tat, die im sog. Nötigungsnotstand begangen wurde, gerechtfertigt sein?

Strafrecht AT I: Karteikarte 57

Nötigungsnotstand (+), wenn der Täter durch Gewalt oder Drohung zu einer rechtswidrigen Tat genötigt wird

h.M.: § 34 StGB (-)	**a.A.:** § 34 StGB (+)
• Zwar möglicherweise überwiegendes Interesse des Genötigten (z.B. Leben im Vgl. zur bloßen Gesundheit des Opfers) • Aber: bei Annahme des § 34 StGB könnte sich das Opfer nicht mehr ggü. dem genötigten Täter auf Notwehr berufen (→ unbillig, da der Täter immerhin bewusst auf Seiten des Unrechts steht) → Aber regelm. § 35 StGB (+)	Nötigungsnotstand bei Angemessenheit irrelevant → § 34 StGB (+)

Was versteht man unter der sog. rechtfertigenden Pflichtenkollision?

↳ Strafrecht AT I: Rn. 286 ff., Karteikarte 62

Rechtfertigende Pflichtenkollision

(+), wenn mehrere rechtlich begründete Handlungspflichten in der Weise an den Normadressaten herantreten, dass er die eine nur auf Kosten der anderen erfüllen kann, also notwendig eine verletzen muss, wie er sich auch immer verhalten mag

I. Konfliktlage	1. Kollision zweier rechtlicher Handlungspflichten 2. Gleichwertigkeit dieser Handlungspflichten
II. Handlung	Erfüllung einer Pflicht auf Kosten der anderen
III. Subj. Element	1. Handeln in Kenntnis der Umstände 2. Handlung zur Gefahrenabwehr

Liegt auch eine rechtfertigende Pflichtenkollision vor, wenn Handlungs- und Unterlassungspflichten aufeinandertreffen?

Was gilt, wenn eine Handlungspflicht aus § 13 StGB und eine solche aus § 323c I StGB zusammentreffen?

Strafrecht AT I: Rn. 290 ff. Karteikarte 62

Aufeinandertreffen von **Handlungs**- und **Unterlassungspflichten**

Aufeinandertreffen der **Handlungspflichten** nach § 13 StGB u. § 323c I StGB

Rechtfertigende Pflichtenkollision nicht möglich, da in diesen Fällen **keine Gleichwertigkeit** der kollidierenden Pflichten gegeben ist

Züchtigungsrecht

Wem steht ein Züchtigungsrecht zu?

Züchtigungsrecht

Eltern

- **Früher h.M.:** (+); aus dem in §§ 1626, 1631 BGB normierten Sorge- und Erziehungsrecht (aber str.)
- **Mittlerweile** vor dem Hintergrund des § 1631 II BGB kaum noch vertretbar

Lehrer

- **Früher:** kraft Gewohnheitsrechts anerkannt
- **Heute h.M.:** (-); Verletzung von körperl. Unversehrtheit, Art. 2 II S. 1 GG (GewohnheitsR genügt nicht Gesetzesvorbehalt) → nur §§ 32, 34 StGB möglich

Welche Voraussetzungen sind an das elterliche Züchtigungsrecht zu stellen, wenn man das Bestehen eines solchen überhaupt anerkennt?

↳ Strafrecht AT I: Karteikarte 67

I. Züchtigungsanlass	Fehlverhalten des Kindes, das aus erzieherischen Gründen eine Reaktion erfordert → eine bloß generalpräventive Züchtigung ist unzulässig
II. Züchtigungshandlung	Eingriff in die körperliche Integrität
III. Erforderlichkeit	Art und Gewicht des Anlasses sowie Alter und Konstitution des Kindes sind zu berücksichtigen
IV. Angemessenheit	Verhältnis zw. Züchtigungsmittel und Verfehlung unzulässig: quälerische, gesundheitsschädl. oder grobe Misshandlungen (§ 1631 II BGB)
V. Erziehungswille	Handlung in Kenntnis der rechtfertigenden Umstände mit Erziehungswillen

Was sind die Voraussetzungen der rechtfertigenden vorläufigen Festnahme nach § 127 I S. 1 StPO?

↳ Strafrecht AT I: Karteikarten 60, 61

I. Festnahmelage

- Jedermann ist festnahmeberechtigt (alle Privatpersonen, aber auch StA, Polizei → **beachten Sie:** § 127 II StPO gilt nur für StA, Polizei)
- Auf frischer Tat betroffen
- Festnahmegründe: Fluchtverdacht; Feststellung der Identität

II. Festnahmehandlung

- Muss unmittelbar zur Festnahme erforderlich und zur Bedeutung der Sache angemessen sein

III. Subjektives Rechtfertigungselement

- In Kenntnis der rechtfertigenden Umstände und in Festnahmeabsicht

Was versteht man unter dem Tatbestandsmerkmal des § 127 I S. 1 StPO „auf frischer Tat betroffen oder verfolgt“?

Strafrecht AT I: Karteikarte 60

Auf frischer Tat betroffen

Tat (str.!)

+

Unmittelbarer örtlicher und zeitl. Zusammenhang zur Tat

e.A.: Tatsächlich begangene Straftat i.S.d. § 11 Nr. 5 StGB erforderlich

a.A.: Ausreichend, dass der Festnehmende im Tatzeitpunkt ohne vernünftige Zweifel auf das Vorliegen einer rechtswidr. Tat schließen konnte

Arg.: Handeln im öffentl. Interesse der Strafverfolgung → Privater, der öffentliche Aufgaben übernimmt, soll Risiko eines Irrtums nicht tragen

Welche Handlungen sind nach § 127 I StPO gerechtfertigt?

↳ Strafrecht AT I: Karteikarte 61

Gem. § 127 I StPO gerechtfertigte Handlungen

- Eingriffe in die persönliche Freiheit (vgl. §§ 239, 240 StGB)
- Eingriffe in die Willensfreiheit, aber auch mildere Maßnahmen (z.B. Wegnahme des Zündschlüssels, Wegnahme des Personalausweises)
- Leichtere Körperverletzungen (z.B. Schürfwunden)
- Drohen mit einer Schusswaffe; **nicht aber:** gezielte Schüsse
- **Nicht:** Durchsuchungen

Das Festnahmerecht ist durch den Grundsatz der **Verhältnismäßigkeit** beschränkt

Welche Bedeutung hat die Schuld i.R.d. Strafrechts?

↳ Strafrecht AT I: Karteikarte 68; Strafrecht Basics: Karteikarte 17

Bedeutung der **Schuld** im Strafrecht

Strafe setzt Schuld voraus (lat.: nulla poena sine culpa)

Das dt. Strafrecht beruht auf dem **Schuld- und Verantwortungsprinzip**, welches Verfassungsrang hat

Schuld

- ist strafbegründendes und zugleich strafbegrenzendes Verbrechensmerkmal
- muss alle Unrechtsmerkmale der Tat umfassen
- die im Einzelfall verhängte Strafe muss schuldangemessen sein

Welche Merkmale sind i.R.d. Schuld zu prüfen?

Strafrecht AT I: Karteikarte 68

Zu prüfende Schuldmerkmale

1. Schuldfähigkeit
- **a)** §§ 19 – 20 StGB
- **b)** Problematisch bei der actio libera in causa

2. Ggfs. spezielle Schuldmerkmale (str.)

3. Ggfs. Vorsatzschuld

4. Entschuldigungsgründe

5. Unrechtsbewusstsein

Aus welchen Umständen kann sich die Schuldunfähigkeit des Täters ergeben?

Strafrecht AT I: Karteikarte 68

Schuldunfähigkeit

Aufgrund des Alters des Täters zur Zeit der Tatbegehung, § 19 StGB

- Materiell-rechtlich: absolute Strafunmündigkeit
- Prozessual: Verfahrenshindernis

Aufgrund seelischer Störungen zur Zeit der Tatbegehung, § 20 StGB

Bloße Verminderung der Schuldfähigkeit lässt die Schuld als Strafbarkeitsvoraussetzung unberührt → nur i.R.d. Strafzumessung relevant

Nach welchen Normen richtet sich die Schuldfähigkeit bei Kindern, Jugendlichen und Heranwachsenden?

↳ Strafrecht AT I: Karteikarte 68; Strafrecht Basics: Karteikarte 17

Kinder bis 14 Jahre	**Jugendliche** 14 bis 18 Jahre	**Heranwachsende** 18 bis 21 Jahre
→ gem. § 19 StGB absolute Schuld-unfähigkeit	→ nach § 3 JGG bedingte Schuld-fähigkeit	nach §§ 105 ff. JGG unbedingte Schuldfähigkeit
Schuldunfähigkeit wird unwiderlegbar vermutet	Schuldfähigkeit muss positiv festgestellt werden	von Schuldfähigkeit ist auszugehen

Welche Voraussetzungen regelt § 20 StGB?

↳ Strafrecht AT I: Karteikarte 68; Rn. 392 ff.

Vorliegen der Schuldfähigkeit nach § 20 StGB → wird nach der gemischt biologisch-psychologischen Methode ermittelt

Biologische Voraussetzungen im Tatzeitpunkt

- Krankhafte seelische Störung (z.B. Drogenrausch)
- Tiefgreifende Bewusstseinsstörung (z.B. Hypnose)
- Intelligenzminderung (Idiotie)
- Andere schwere seelische Störung (z.B. Psychopathie)

dadurch →

Psychologische Voraussetzungen

- Unfähigkeit des Täters, Unrecht der Tat einzusehen

oder

- nach dieser Einsicht zu handeln

Welche BAK-Werte legt der BGH bei der Bestimmung der verminderten Schuldfähigkeit und der absoluten Schuldunfähigkeit zugrunde?

↳ Strafrecht AT I: Karteikarte 69

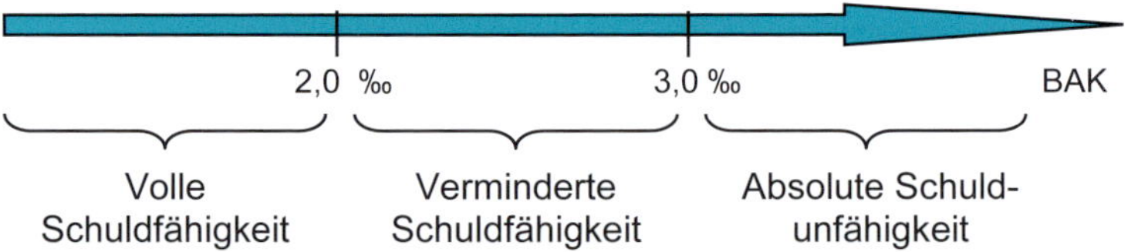

Bei schweren Straftaten mit höherer Hemmschwelle sind die BAK-Werte um 10 % (z.B. 2,0 ‰ auf 2,2 ‰) zu erhöhen

Diese BAK-Werte sind jedoch nicht zwingend! → Es ist immer anhand des Einzelfalles zu prüfen, ob die der BAK entsprechende Schuldstufe angemessen ist (Gesamtschau des Täterverhaltens vor, während und nach der Tat)

Exkurs: Ab welchen BAK-Werten nimmt die Rspr. beim Führen eines Kfz relative und ab wann absolute Fahruntüchtigkeit i.S.d. §§ 315c, 316 StGB an?

↳ Strafrecht AT I: Karteikarte 69

Fahruntüchtigkeit

Relative Fahruntüchtigkeit	*Absolute* Fahruntüchtigkeit
bei 0,3 bis 1,0 ‰	**ab 1,1 ‰**
Relative Fahruntüchtigkeit: dem Fahrer muss konkret nachgewiesen werden, dass er nicht mehr in der Lage war, sein Fahrzeug sicher zu führen	Es wird unwiderlegbar vermutet, dass er nicht mehr in der Lage ist, das Fahrzeug zu führen

↓

Sog. „Ausfallerscheinung" notwendig

Wie wird der BAK-Wert im Tatzeitpunkt aus einer Blutprobe errechnet?

↳ Strafrecht AT I: Rn. 404, 405

Berechnung der BAK zum Tatzeitpunkt

Der BAK-Wert während der Tatbegehung ist im Wege der Rückrechnung zu ermitteln, da sich die BAK durch **Resorption** (Aufnahme des Alkohols ins Blut) und durch **Absorption** (Ausscheiden des Alkohols aus Blut) verändert:

Zur Zeit der Blutentnahme festgestellte BAK

\+ Stündl. Abbauwert x (zw. Tat und Blutentnahme) vergangene Zeit

\+ Sicherheitszuschlag (einmalig)

= BAK-Wert zur Zeit der Tatbegehung

Der stündliche Abbauwert kann 0,1‰ bis 0,2 ‰ betragen. Von welchem Wert ist bei der Rückrechnung auszugehen?

Strafrecht AT I: Rn. 404, 405

Nach dem in dubio pro reo-Grundsatz ist von dem für den Täter **günstigsten Wert** auszugehen:

Verkehrsdelikte

- Minimaler Abbauwert von 0,1 ‰
- Kein Sicherheitszuschlag

Arg.: Eine möglichst *geringe* BAK ist für den Täter am günstigsten

§§ 20, 21 StGB

- Maximaler Abbauwert von 0,2 ‰
- Sicherheitszuschlag von 0,2 ‰

Arg.: Eine möglichst *hohe* BAK ist für den Täter am günstigsten

Was ist die Rechtsfolge der verminderten Schuldfähigkeit des Täters?

↳ Strafrecht AT I: Karteikarte 69

Verminderte Schuldfähigkeit, § 21 StGB

Die verminderte Schuldfähigkeit bildet einen fakultativen Strafmilderungsgrund gemäß § 49 I StGB
→ Die Strafe kann, muss aber nicht gemildert werden

Der Täter ist im Fall des § 21 StGB voll strafrechtlich verantwortlich (entscheidender Unterschied zu § 20 StGB)
→ Die verminderte Schuldfähigkeit kann sich nur auf den Strafrahmen mindernd auswirken

Was versteht man unter der sog. actio libera in causa?

Strafrecht AT I: Karteikarte 70

Actio libera in causa (a.l.i.c.)

= Das vorwerfbare Ingangsetzen eines Vorgangs, der im Zustand der Schuldunfähigkeit zu einer TB-Verwirklichung führt, wobei der Täter den die Schuldfähigkeit ausschließenden Zustand selbst herbeigeführt hat

Welche Ansätze werden zur dogmatischen Begründung der a.l.i.c. vertreten?

↳ Strafrecht Basics: Karteikarte 19; Strafrecht AT I: Rn. 410 ff.

Ausdehnungsmodell
der Begriff der Tat wird weit ausgelegt und erfasst auch noch die Vorbereitungsphase

Problem: Andere Auslegung der „Tat" als bei §§ 16, 17 und 20 StGB

Ausnahmemodell
bei der a.l.i.c. handelt es sich um eine Ausnahme zu § 20 StGB

Problem: Verstoß gg. das Analogieverbot (Art. 103 II GG)

Vorverlegungstheorie (Grds. Rspr.)
Anknüpfungspunkt des Schuldvorwurfs ist nicht Tatbegehung, sond. schon das Versetzen in den Defektzustand

Mittelbare Täterschaft
Sonderfall der mittelbaren Täterschaft → der Täter macht sich zu seinem eigenen Werkzeug

Problem: § 25 I Alt. 2 StGB setzt einen „anderen" voraus

Bei welchen Delikten kann die a.l.i.c. nur Anwendung finden?

↳ Strafrecht Basics: Karteikarte 19; Strafrecht AT I: Rn. 425, 426

Die a.l.i.c. ist nach BGB bei **Erfolgsdelikten** denkbar, bei *Tätigkeitsdelikten* (z.B. Straßenverkehrsdelikten) erscheint hingegen eine verfassungskonforme Begründung ausgeschlossen

Vorverlagerungs-theorie	Die Verkehrsstraftaten setzen für die Strafbarkeit voraus, dass der Täter ein Fahrzeug führt → beginnt erst mit dem Bewegungsvorgang des Anfahrens selbst: eine Ausdehnung auf zeitlich vorverlagerte Handlungen kann nach der gesetzlichen Umschreibung der Tathandlung nicht erfolgen
Mittelbare Täterschaft	Bei Straßenverkehrsdelikten als eigenhändigen Delikten ist mittelbare Täterschaft per se ausgeschlossen

Zwischen welchen Formen wird bei der a.l.i.c. unterschieden?

↬ Strafrecht AT I: Karteikarte 71

Formen der a.l.i.c.

Vorsätzliche

Voraussetzung:
„Doppelvorsatz“

- Vorsätzliche Herbeiführung des Rauschzustands

und

- Vorsatz bzgl. der Begehung einer bestimmten Tat im Defektzustand

Fahrlässige

- Fahrlässigkeit entweder bezüglich der Herbeiführung des Defektzustands und/oder bzgl. der späteren Rauschtat

BGH:
Konstruktion der fahrlässigen a.l.i.c. ist überflüssig; eine Anknüpfung an vorgelagerte Handlungen ist bei Fahrlässigkeitsdelikten per se möglich

Wann liegt Versuch bei der vorsätzlichen actio libera in causa vor?

Versuch bei der vorsätzlichen a.l.i.c.

Der Versuch liegt bei der a.l.i.c. erst vor, wenn zur Rauschtat unmittelbar angesetzt worden ist (str.)

Der Versuch des Herbeiführens des Defektzustands stellt noch kein unmittelbares Ansetzen zur a.l.i.c. dar

Arg.: der Beginn der tatbestandlichen Ausführungshandlung wird durch die Konstruktion der a.l.i.c. nicht vorverlagert (str.)

In welchem Verhältnis stehen a.l.i.c. und § 323a StGB?

↳ Strafrecht Basics: Karteikarte 18; Strafrecht AT I: Karteikarte 73

§ 323a StGB ist grds. subsidiär zur a.l.i.c.

a.l.i.c. ⟷ **§ 323a StGB**

a.l.i.c.: Im Falle der a.l.i.c. wird der Täter unabhängig von seiner Schuldfähigkeit nach dem jeweils verwirklichten Straftatbestand verurteilt

§ 323a StGB: § 323a StGB setzt hingegen voraus, dass der Täter wegen der Schuldunfähigkeit nicht für sein Verhalten bestraft werden kann

Sie können jedoch nebeneinander vorliegen, wenn der Täter neben der geplanten Tat noch eine weitere, nicht geplante Tat im Rausch begeht

Wie erfolgt die Prüfung der Strafbarkeit eines Täters, der im Rauschzustand eine Tat begeht?

Strafrecht Basics: Karteikarte 18

I. Strafbarkeit wegen der Rauschtat

wenn (-) wegen Schuldunfähigkeit, § 20 StGB

↓

II. Strafbarkeit wegen der Rauschtat i.V.m. Grundsätzen der a.l.i.c.

wenn (-)

↓

III. Strafbarkeit wegen Rausches nach § 323a StGB als Auffangtatbestand

Liegt eine vorsätzliche a.l.i.c. vor, wenn die Schuldunfähigkeit erst nach Versuchsbeginn, z.B. durch einen Blutrausch (= schuldausschl. Zustand i.S.d. § 20 StGB), eintritt?

Strafrecht AT I: Karteikarte 72

Eintritt eines schuldausschließenden Zustands erst nach Versuchsbeginn

a.l.i.c. (-), da diese voraussetzt, dass der Zustand der Schuldunfähigkeit bereits im Stadium einer straflosen Vorbereitungshandlung vorliegt und bis zu Beendigung der Tatausführung andauert

Tritt die Schuldunfähigkeit erst nach Versuchsbeginn bis zur Vollendung der Tat ein, so liegt lediglich eine unwesentliche Abweichung vom vorgestellten Kausalverlauf vor
→ Strafbarkeit (+), d.h. unabhängig vom späteren Verlust der Schuldfähigkeit

Was sind spezielle Schuldmerkmale?

Wo sind sie zu prüfen?

↳ Strafrecht AT I: Rn. 442 ff.

Spezielle Schuldmerkmale

Einige Strafvorschriften enthalten Merkmale, die den in der Tat zum Ausdruck kommenden Gesinnungsunwert näher charakterisieren

z.B.: § 315c StGB: Rücksichtslosigkeit (str.)

e.A.:

Selbständiger Charakter der Schuldmerkmale → sind i.R.d. Schuld zu prüfen

h.M.:

Sind in dem Bereich zu prüfen, dem sie nahestehen

z.B.: Rücksichtslosigkeit im subj. TB

Welche Bedeutung hat die Vorsatzschuld?

Strafrecht AT I: Rn. 445

Vorsatzschuld

Lehre von der Doppelfunktion des Vorsatzes: i.R.d. Schuld ist als Korrelat zum subjektiven Tatbestand die Vorsatzschuld zu prüfen

Vorsatzschuld = Träger des in der Tat aktualisierten Gesinnungsunwerts, in dem sich die mangelnde Einstellung zur Rechtsordnung offenbart

Die Vorsatzschuld ist nur zu problematisieren, wenn tatsächliche Anhaltspunkte für ein Nichtvorliegen bestehen
→ insbes. beim sog. Erlaubnistatbestandsirrtum

Welche Entschuldigungsgründe kennen Sie?

Strafrecht AT I: Rn. 450, Karteikarte 75

Entschuldigungsgründe

Anerkannte Entschuldigungsgründe

- Entschuldigender Notstand, § 35 I StGB
- Notwehrexzess, § 33 StGB
- Übergesetzlicher entschuldigender Notstand

Weitere diskutierte Entschuldigungsgründe

- Unzumutbarkeit normgemäßen Verhaltens
- Glaubens- und Gewissensfreiheit, Art. 4 I GG

Welcher Unterschied besteht zwischen Rechtfertigungs- und Entschuldigungsgründen?

Strafrecht AT I: Rn. 450, Karteikarte 75

Rechtfertigungsgründe und Entschuldigungsgründe

Rechtfertigungsgründe

Rechtfertigungsgründe führen dazu, dass ein Handeln von der Rechtsordnung gebilligt wird

Entschuldigungsgründe

Die Tat wird nicht von der Rechtsordnung gebilligt; in Anbetracht der außergewöhnlichen Konflikt- und Motivationslage wird allerdings Nachsicht geübt und auf einen Schuldvorwurf verzichtet

Die gerechtfertigte Tat wird von der Rechtsordnung gebilligt, die entschuldigte Tat wird nur nachgesehen

Stellen Sie ein Prüfungsschema für den entschuldigenden Notstand gemäß § 35 I StGB auf!

↳ Strafrecht AT I: Rn. 262, Karteikarte 75

I. Notstandslage

1. Notstandsfähiges Rechtsgut: Leib, Leben, Freiheit
2. Gegenwärtige Gefahr
3. Nicht anders abwendbar
4. Betroffenheit

II. Grenze: Zumutbarkeit § 35 I S. 2 StGB, bei…

- Besonderem Rechtsverhältnis
- Gefahrverursachung
- Garantenstellung

III. Notstandswille, Kenntnis und Rettungswille

Definieren Sie die in § 35 I StGB abschließend aufgezählten notstandsfähigen Rechtsgüter!

Strafrecht AT I: Rn. 456 ff., Karteikarte 75

Notstandsfähige Rechtsgüter i.S.d. § 35 StGB:

Leben	Ist als die physische Existenz zu verstehen (auch das ungeborene Leben, str.)
Leib	Ist als körperliche Unversehrtheit zu verstehen, nicht jedoch als *geistig-seelische* (Vergleich mit „Leben" zeigt, dass es sich um eine schwere Beeinträchtigung handeln muss)
Freiheit	Nur die körperliche Fortbewegungsfreiheit, nicht dagegen die Willensfreiheit

Welcher Personenkreis ist i.R.d. § 35 I StGB notstandshilfefähig?

Strafrecht AT I: Rn. 462, Karteikarte 75; Strafrecht Basics: Karteikarte 20

Notstandshilfefähig sind:

Angehörige
i.S.d. § 11 I Nr. 1 StGB

Nahestehende Personen

→ Eine auf Dauer angelegte persönl. Beziehung, die über den üblichen Sozialkontakt des Alltagslebens hinausgeht
z.B.: eheähnliche LG; enge Freundschaft; langjährige Hausgemeinschaft

In welchen Fällen wird dem Täter gemäß § 35 I S. 2 StGB zugemutet, die Gefahr hinzunehmen?

↳ Strafrecht AT I: Rn. 464 ff., Karteikarte 75

Zumutbarkeit i.S.d. § 35 I S. 2 StGB

Gefahr selbst verursacht

Nur bei objektiv pflichtwidrigem Verhalten

Im Ggs. zu § 34 StGB ist bei § 35 StGB gerade *keine* Güterabwägung erforderlich

Besonderes Rechtsverhältnis

- Berufe, die typischerweise Gefahren für Leib und Leben mit sich bringen (z.B.: Arzt, Polizist, Soldat)
- Institutionalisierte Duldungspflichten (z.B. bei Blutentnahme, § 81a StPO)

Weitere Umstände

Aus gleichwertiger Duldungspflicht z.B.: Garantenstellung; Disproportionalität von drohendem Schaden und Folgen der Tat

§ 35 I S. 2 StGB enthält eine Rückausnahme vom Entfallen des Schuldvorwurfs

Nennen Sie Voraussetzungen und Rechtsfolge des Irrtums gemäß § 35 II StGB!

Strafrecht AT I: Karteikarte 76

Irrtum gem. § 35 II StGB

1. Bei Richtigkeit des vom Täter vorgestellten Sachverhalts müsste dieser entschuldigt gehandelt haben
2. Der Irrtum müsste **unvermeidbar** gewesen sein

(+) → entschuldigt gem. § 35 I, II StGB

(-) → Strafmilderung gem. § 49 I StGB

Bei § 35 II StGB handelt es sich um einen Irrtum **im tatsächlichen Bereich**

Welche Voraussetzungen hat § 33 StGB?

Strafrecht AT I: Rn. 476 ff., Karteikarte 78

1. Überschreitung der Grenzen der Notwehr

- Intensiver Notwehrexzess (**h.M.**)
- Extensiver Notwehrexzess (**M.M.**)

2. „aus“:

- Deutet auf inneren Zusammenhang zwischen Überschreiten und Affekt hin

3. Verwirrung, Furcht, Schrecken

- Sog. „asthenische“ Affekte

Grenzen Sie den intensiven vom extensiven Notwehrexzess ab! Welcher von beiden ist nach h.M. nur von § 33 StGB erfasst und warum?

Strafrecht AT I: Rn. 476 ff., Karteikarte 78

Intensiver Notwehrexzess

Täter verteidigt sich i.R.d. Notwehr intensiver als erforderlich
→ Hier sind die Grenzen der Erforderlichkeit überschritten

Extensiver Notwehrexzess

Die zeitliche Grenze der Notwehr wird überschritten
→ Hier fehlt es an der Gegenwärtigkeit des Angriffs

h.M.: Nur der *intensive* Notwehrexzess wird von § 33 StGB erfasst, da beim *extensiven* Notwehrexzess die unrechtsmindernde Notwehrlage, die zum Entfallen des Schuldvorwurfs bei § 33 StGB führt, gerade nicht gegeben ist

Wie kann der Notwehrexzess von der Putativnotwehr und dem Putativnotwehrexzess abgegrenzt werden?

Strafrecht AT I: Rn. 484

Die Putativnotwehr

Es fehlt an der **Notwehrlage**, d.h. der Täter nimmt irrig die tatsächlichen Voraussetzungen einer Notwehrlage an

Rechtsfolgen:

→ Allg. Irrtumsregeln

→ Erlaubnistatbestandsirrtum

Der Putativnotwehrexzess

Der Täter **überschreitet die Grenzen der Notwehr**, gleichzeitig fehlt es an der **Notwehrlage**, d.h. der Täter nimmt irrig die tatsächlichen Voraussetzungen der Notwehr an

Rechtsfolgen:

→ § 33 StGB ist unanwendbar (h.M.)

→ Keine generelle Strafrahmenverschiebung

Wie bezeichnet man die Tatbestandsmerkmale „Verwirrung, Furcht oder Schrecken“ im § 33 StGB?

Ist § 33 StGB auch im Falle von Wut oder Hass anwendbar?

↳ Strafrecht AT I: Karteikarte 78

Verwirrung, Furcht und Schrecken i.S.d. § 33 StGB

Sie werden als *„asthenische“* (oder *defensive*) Affekte bezeichnet und beruhen auf dem Gefühl der Bedrohtheit

h.M.: Eine Erweiterung des § 33 StGB auf *aggressive*, d.h. *sthenische* Affekte (z.B. Hass, Wut, Zorn) ist grds. unzulässig

- Unschädlich ist, wenn neben einem asthenischen auch ein sthenischer Affekt für die Tat *mit*ursächlich ist
- Unschädlich ist auch, wenn sich der Täter der Überschreitung bewusst ist, aber von seinem Affekt hingerissen wird

Welche Voraussetzungen hat der übergesetzliche entschuldigende Notstand?

↳ Strafrecht AT I: Rn. 491 ff., Karteikarte 77

h.M.: Über die gesetzl. geregelten Fälle der § 33, 35 StGB hinaus ist auch ein **übergesetzl. entschuldigender Notstand** denkbar
→ Dessen Voraussetzungen orientieren sich an § 35 I StGB

1. Notstandslage	Gegenwärtige Lebensgefahr
2. Notstands-handlung	**a)** Gefahrabwendung ist nur noch durch einen Rechtsguteingriff mögl., der weder nach § 34 StGB gerechtfertigt noch nach § 35 StGB entschuldigt ist **b)** Wesentlich geringeres Übel **c)** Unzumutbarkeit der Gefahrhinnahme, § 35 I S. 2 StGB analog
3. Subj. Merkmal	Kenntnis aller Umstände, Gefahrabwendungswille

Sind die Unzumutbarkeit normgemäßen Verhaltens sowie die Glaubens- und Gewissensfreiheit nach Art. 4 I GG als übergesetzliche Entschuldigungsgründe anerkannt?

↳ Strafrecht AT I: Rn. 499 ff., Karteikarte 77

Weitere übergesetzl. Entschuldigungsgründe

Unzumutbarkeit normgemäßen Verhaltens

→ wenn normgerechtes Verhalten nicht *zugemutet* werden kann

h.M.: grds. (-); Grenzen des Entschuld.grundes zu unbestimmt (Rechtsunsicherheit)
Aber (+) bei Fahrlässigkeits- und Unterlassungsdelikten

Art. 4 I GG (Religionsfreiheit)

h.M.: (-); zu extreme Subjektivierung der Rechtsordnung

e.A.: (+), da Konflikt mit eigener Glaubensüberzeugung

Was versteht man unter dem sog. Unrechtsbewusstsein?

Strafrecht AT I: Rn. 504

Unrechtsbewusstsein

h.M.: Das Unrechtsbewusstsein ist neben dem Vorsatz ein selbständiges Schuldelement → i.R.d. **Schuld** zu prüfen, wird allerdings grds. vermutet

Unrechtsbewusstsein = die Einsicht des Täters, dass sein Verhalten rechtlich verboten ist → nicht erforderlich ist die Kenntnis der Strafvorschrift bzw. die Strafbarkeit des Verhaltens

Was liegt vor, wenn das Unrechtsbewusstsein des Täters bei der Tat fehlt?

Strafrecht AT I: Rn. 504

Fehlen des Unrechtsbewusstseins

→ Verbotsirrtum (+)

Bei Unvermeidbarkeit des Verbotsirrtums handelt der Täter ohne Schuld (§ 17 S. 1 StGB)

- Bei Vermeidbarkeit des Verbotsirrtums handelt der Täter schuldhaft (§ 17 S. 1 StGB)
- Aber: Strafmilderung gem. § 49 I StGB mögl.

Welcher Unterschied besteht zwischen direktem und indirektem Verbotsirrtum?

Strafrecht AT I: Karteikarte 31

Direkter Verbotsirrtum | **Indirekter Verbotsirrtum**

Jeweils Irrtum bei der rechtlichen Bewertung

Direkter Verbotsirrtum: Täter nimmt irrtümlich an, dass sein Verhalten generell rechtlich zulässig sei, weil er die Verbotsnorm nicht kennt oder über ihren Geltungsbereich irrt

Indirekter Verbotsirrtum: Täter geht von einem grds. Verbotensein seines Tuns aus, glaubt aber irrtümlicherweise an das Eingreifen eines *Rechtfertigungsgrundes* oder zieht die Grenzen eines bestehenden RFG zu weit

Wann ist ein Verbotsirrtum i.S.d. § 17 S. 2 StGB vermeidbar?

Welche Anforderungen muss der Täter im Rahmen des § 17 StGB erfüllen, wenn er sein Handeln auf eine mögliche Rechtswidrigkeit überprüfen muss?

Strafrecht AT I: Karteikarte 31; Strafrecht Basics: Karteikarte 21

Verbotsirrtum = vermeidbar, wenn dem Täter sein Vorhaben unter Berücksichtigung seiner Kenntnisse und Fähigkeiten hätte Anlass geben müssen, über dessen mögl. Rechtswidrigkeit nachzudenken oder sich zu erkundigen, und er auf diesem Wege zur Unrechtseinsicht gelangt wäre

„Selbstbefragung"

→ Der Täter muss nach seinen Fähigkeiten und Kenntnissen und unter Einsatz seiner Erkenntniskräfte über eine mögliche RWK seines Vorhabens nachdenken

„Erkundigung"

1. Erkundigungspflicht besteht
- bei Zweifeln nach Selbstbefragung
- bei schwierigen Rechtsfragen

2. Täter darf sich auf Auskunft nur verlassen, wenn
- sie von einer verlässlichen Stelle oder Person (Behörde, RA) stammt
- und vorbehaltlos erteilt wurde

Was versteht man unter Strafausschließungs- bzw. Strafaufhebungsgründen?

Strafrecht AT I: Rn. 506 ff., Karteikarte 79

Strafausschließungsgründe	**Strafaufhebungsgründe**
Ihr Vorliegen verhindert von vornherein, dass sich der Täter strafbar macht	Ihr Vorliegen beseitigt die Strafbarkeit im Nachhinein
• § 258 VI StGB: Angehörigenprivileg • § 258 V StGB: Beteiligung an der Vortat • § 173 III StGB: jugendliches Alter	• Rücktritt, §§ 24, 31 StGB • tätige Reue, z.B. § 306e StGB

Welche Voraussetzungen müssen für einen ordnungsgemäßen Strafantrag vorliegen?

Strafrecht AT I: Rn. 515 ff.

1. Vorliegen eines Antragsdelikts

Dem jeweiligen Straftatbestand zu entnehmen, z.B.
§ 303c StGB für die Sachbeschädigung

2. Antrag gestellt und nicht zurückgenommen

Vgl. § 77d StGB

3. Antragsberechtigung, §§ 77, 77a StGB

4. Form und Frist, §§ 77b, 77c StGB, § 158 II StPO

Aus welchen Elementen setzt sich nach h.M. der Vorsatz zusammen?

Strafrecht AT I: Karteikarte 19; Strafrecht Basics: Karteikarte 6

Vorsatz

Wissen
= intellektuelles Element

Täter muss im Zeitpunkt der Tat alle objektiven Tatbestandsmerkmale kennen und sich ihrer Verwirklichung bewusst sein (vgl. § 16 I S. 1 StGB)

\+

Wollen
= voluntatives Element

Täter muss die von ihm erkannte Möglichkeit der Tatbestandsverwirklichung in seinen Willen aufgenommen und sich für sie entschieden haben (str.)

Was bedeutet Doppelnatur des Vorsatzes?

↳ Strafrecht AT I: Karteikarte 19

Doppelnatur des Vorsatzes

h.M.: Der Vorsatz wird sowohl dem *Tatbestand* als auch der *Schuld* zugeordnet

Tatbestand

⇩

Tatbestandsvorsatz als wissentliche und willentliche Erfüllung des TB

Schuld

⇩

Vorsatzschuld wird grds. durch den TB-Vorsatz indiziert → nur prüfen bei Anhaltspunkten für Nichtvorliegen (Erlaubnistatbestandsirrtum)

Welche Bezugsobjekte hat der Vorsatz?

↳ Strafrecht AT I: Karteikarte 19

Gegenstand des Vorsatzes

§ 16 I S. 1 StGB: Der Vorsatz muss sich auf alle Umstände beziehen, die zum gesetzlichen Tatbestand gehören, da andernfalls der Vorsatz gemäß dieser Vorschrift ausgeschlossen ist

Zum gesetzlichen Tatbestand gehören

- alle deskriptiven Tatbestandsmerkmale
- alle normativen Tatbestandsmerkmale
- Kausalität
- objektive TB-Merkmale einer Qualifizierung/Privilegierung

Beachten Sie: nach h.M. gilt **§ 16 I S. 1 StGB analog** für Tatumstände, welche zum Vorliegen eines Regelbeispiels führen

Auf welche Merkmale muss sich der Vorsatz nicht beziehen?

Strafrecht AT I: Karteikarte 19

Gegenstand des Vorsatzes

Der Vorsatz muss sich nicht auf Merkmale beziehen, die nicht zum gesetzlichen Tatbestand gehören

Nicht zum gesetzlichen Tatbestand gehören

- bei erfolgsqualifizierten Delikten die schwere Folge
- die objektiven Bedingungen der Strafbarkeit
- die tatbestandlichen Voraussetzungen der Rechtfertigungsgründe
- die Voraussetzungen der Schuld
- die Prozessvoraussetzungen

Muss sich der Vorsatz auch auf die Rechtswidrigkeit beziehen, wenn im Straftatbestand das Merkmal „rechtswidrig“ (z.B. § 242 I, § 303 I StGB) oder „widerrechtlich“ (z.B. § 123 I StGB) enthalten ist?

Strafrecht AT I: Karteikarte 19

Es ist zu unterscheiden

Wenn sich dieses Merkmal auf einen einzelnen Tatumstand bezieht (**Bsp:** §§ 242 I, 253 I, 263 StGB)	Wenn sich dieses Merkmal auf die Gesamttat bezieht (**Bsp:** §§ 123 I, 303 I StGB)
Echtes TB-Merkmal	Allg. Verbrechensmerkmal
RF: Auf diese RWK muss sich der Vorsatz beziehen	**RF:** Auf diese RWK muss sich der Vorsatz nicht beziehen

Welche Form des Bewusstseins ist für das Wissenselement des Vorsatzes erforderlich?

Strafrecht AT I: Rn. 145, Karteikarte 19

Erforderliche **Bewusstseinsform** i.R.d. Wissenselements

Grundsätzlich erforderlich ist ein **aktuelles Bewusstsein** der Tatumstände → der Täter muss im Augenblick der Begehung der Tat die Merkmale, die zum gesetzlichen Tatbestand gehören, in sein Bewusstsein aufgenommen haben

Nicht ausreichend

Unterschwelliges Bewusstsein: das bloße Gefühl, dass etwas nicht in Ordnung ist

Potentielles Bewusstsein: bestimmte Umstände wurden während der Tat vergessen oder verdrängt, aber könnten durch Nachdenken und Erinnern aktualisiert werden

Reicht auch das sog. sachgedankliche Mitbewusstsein für das Vorliegen des intellektuellen Elements aus?

Strafrecht AT I: Rn. 146

Sachgedankliches Mitbewusstsein

Die Aktualität des i.R.d. Vorsatzes erforderlichen Täterbewusstseins verlangt nicht, dass der Täter über alle Umstände ständig nachdenkt, ihnen also in jedem Augenblick der Tatausführung die volle Aufmerksamkeit seines Bewusstseins zuwendet
→ Sachgedankliches Mitbewusstsein reicht aus
(z.B. beim Berufswaffenträger bzgl. des § 244 I Nr. 1a StGB)

↓

Es genügt, dass die Kenntnis der Tatbestandsmerkmale bei der Willensbildung des Täters sachgedanklich bestand

Zu welchem Zeitpunkt muss der Vorsatz vorliegen?

↳ Strafrecht AT I: Karteikarte 19; Strafrecht Basics: Karteikarte 8

Zeitpunkt des Vorsatzes

Der Vorsatz muss im Zeitpunkt der Begehung der Tat vorliegen, vgl. Wortlaut des § 16 I S. 1 StGB (sog. Simultanitätsprinzip)

Nicht ausreichend ist daher

Dolus antecedens (lat.)

Ein der Tat vorhergehender und im Tatzeitpunkt nicht mehr aktueller Vorsatz

Dolus subsequens (lat.)

Nachträgliche Billigung einer im Tatzeitpunkt unvorsätzlichen Tat

Welche Formen des Vorsatzes kennen Sie?

Strafrecht AT I: Rn. 153 ff., Karteikarte 20

Vorsatz i.S.d. §§ 15, 16 I S. 1 StGB

Absicht	Direkter Vorsatz	Eventualvorsatz
= Dolus directus 1. Grades	= Dolus directus 2. Grades	= Dolus eventualis

In welchen Fällen reicht dolus eventualis zur Tatbestandsverwirklichung aus?

Strafrecht AT I: Rn. 158 ff., Karteikarte 20

Dolus eventualis (= bedingter Vorsatz)

Die schwächste Vorsatzform, dolus eventualis, genügt grds. bei allen Vorsatzdelikten, bei denen das Gesetz …

weder Absicht

z.B. § 226 II StGB: „absichtlich"

noch direkten Vorsatz voraussetzt

z.B. § 145d StGB: „wider besseres Wissen";
§ 258 I, II StGB: „wissentlich"

Welche Strafbarkeit kommt in Betracht, wenn der Täter nicht vorsätzlich gehandelt hat?

Strafrecht AT I: Karteikarte 21

Fehlender Vorsatz

Es kommt eine Strafbarkeit wegen eines Fahrlässigkeitsdelikts in Betracht, vgl. § 16 I S. 2 StGB

Dies ist jedoch nur möglich, wenn das Gesetz fahrlässiges Handeln ausdrücklich mit Strafe bedroht (vgl. § 15 StGB)

Definieren Sie die Formen des dolus directus!

Strafrecht AT I: Rn. 154 ff.; Strafrecht Basics: Karteikarte 6

Dolus directus

Dolus directus 1. Grades
= **Absicht**

(+), wenn es dem Täter gerade darauf ankommt, den Eintritt des tatbestandlichen Erfolges herbeizuführen

Dolus directus 2. Grades
= **direkter Vorsatz**

(+), wenn der Täter weiß oder als sicher voraussieht, dass sein Handeln zur Verwirklichung des gesetzlichen Tatbestandes führt

Wann handelt ein Täter mit dolus eventualis?

Strafrecht AT I: Rn. 158 ff., Karteikarte 21

Dolus eventualis (bedingter Vorsatz)

1. Wissenselement: Der dolus eventualis setzt voraus, dass dem Täter der möglicherweise eintretende Taterfolg bewusst war→ dies ist jedoch auch Element der bewussten Fahrlässigkeit

2. Wollenselement: Im Bereich des Wollenselements ist umstritten, ob ein Wollenselement überhaupt notwendig ist

Intellektuelle Theorien: Voluntatives Element nicht erforderlich

Voluntative Theorien (h.M.): Wollenselement auch i.R.d. dolus eventualis erforderlich

Erläutern Sie die intellektuellen Abgrenzungstheorien!

↳ Strafrecht AT I: Rn. 162, 163, Karteikarte 21

Möglichkeits-theorie	⇔	**Wahrscheinlichkeits-theorie**
Dolus eventualis (+), wenn der Täter die reale Möglichkeit der Rechtsgutsverletzung erkannt und trotzdem gehandelt hat		Dolus eventualis (+), wenn der Täter den Eintritt des Erfolges für wahrscheinlich, d.h. für mehr als möglich gehalten hat

↓ ↓

Beide Theorien werden von der **h.M.** abgelehnt, da sie nicht in der Lage sind, eine eindeutige Abgrenzung zur bewussten Fahrlässigkeit vorzunehmen

Nennen Sie die voluntativen Abgrenzungstheorien!

Strafrecht AT I: Karteikarte 21; Strafrecht Basics: Karteikarte 7

h.M.: Der bedingte Vorsatz setzt neben dem intellektuellen Element auch ein **voluntatives Element** voraus

Gleichgültigkeitstheorie

Dolus eventualis (+), wenn der Täter die von ihm für möglich gehaltene Tatbestandsverwirklichung aus Gleichgültigkeit in Kauf nimmt

→ Zu eng, da nicht auf Willen abgestellt, sondern die Gesinnung bestraft wird

Einwilligungs- oder Billigungstheorie (h.M.)

Der Täter muss den für möglich gehaltenen Erfolg „gebilligt" oder „billigend in Kauf genommen haben"

Es reicht aus, wenn der Täter sich mit dem Eintritt des Tatbestands abgefunden hat, auch wenn ihm dieser unerwünscht ist

Welche Indizien können bei der Abgrenzung von bewusster Fahrlässigkeit und bedingtem Vorsatz eine Rolle spielen?

Strafrecht AT I: Rn. 169, 170

Abgrenzung: dolus eventualis und bewusste Fahrlässigkeit

Wissen um TB-Verwirklichung

- Indizien dafür: obj. Gefährlichkeit der Handlung und Intelligenz des Täters, diese zu erkennen
- Indiz dagegen: psychische Belastung des Täters in der konkreten Tatsituation

Wollen der TB-Verwirklichung

- Indiz dafür: Handeln im Bewusstsein äußerster Gefährlichkeit
- Indizien dagegen: Vorsichtsmaßnahmen zur Reduktion des Risikos

Zur Abgrenzung des dolus eventualis von der bewussten Fahrlässigkeit kann die Frank´sche Formel hilfreich sein. Wie lautet sie?

Strafrecht AT I: Karteikarte 21

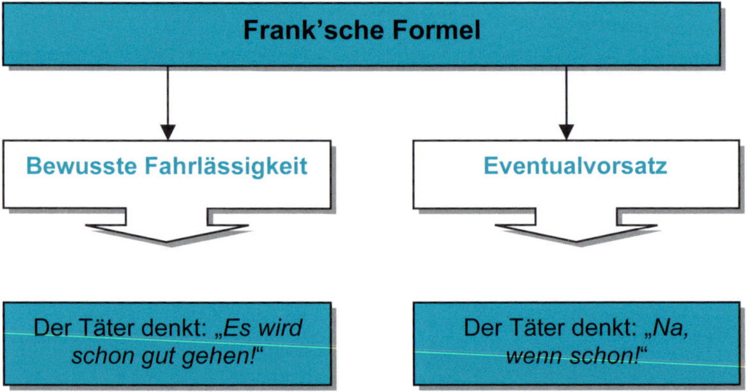

Was sind Delikte mit überschießender Innentendenz?

Strafrecht AT I: Rn. 177, Karteikarte 21

Delikte mit überschießender Innentendenz

Delikte, die neben dem Vorsatz noch besondere subjektive Tatbestandsmerkmale erfordern, werden als Delikte mit überschießender Innentendenz bezeichnet

→ **Grund**: die besonderen subjektiven Tatbestandsmerkmale finden im objektiven Tatbestand keinerlei Entsprechung

z.B.:
- §§ 242, 249 StGB → Zueignungsabsicht
- §§ 253, 259, 263 StGB → Bereicherungsabsicht
- § 267 StGB → Absicht der Täuschung des Rechtsverkehrs
- § 274 StGB → Nachteilszufügungsabsicht

Was versteht man unter „dolus generalis“?

Strafrecht AT I: Rn. 175

Dolus generalis (lat.)

Beim dolus generalis („genereller Vorsatz") soll es genügen, dass der Täter irgendwann während des Handlungsablaufs vorsätzlich handelte

e.A.: Vorsatz grds. gegeben

→ Regelmäßig <u>irrelevant</u>, dass der Erfolg erst durch eine spätere Handlung eingetreten ist (z.B. im sog. „Jauchegrubenfall")

h.M.: Sonderfall des Abweichens vom Kausalverlauf

→ Dolus generalis nicht mit Gesetzeswortlaut vereinbar; wenn nur unwesentliche Abweichung vom vorgestellten Kausalverlauf, aber Vorsatz (+)

Was versteht man unter dem sog. Alternativvorsatz?

↳ Strafrecht AT I: Rn. 172

Alternativvorsatz

(+), wenn der Täter eine bestimmte Handlung will, ohne zu wissen, welchen von zwei (oder mehreren) sich ausschließenden Tatbeständen er dadurch erfüllt

Bsp: T wirft einen Stein in Richtung des O und seines Hundes. Er nimmt dabei billigend in Kauf, dass er entweder den O oder den Hund verletzt. Der Stein trifft jedoch keinen von beiden.

h.M.: Tateinheit zwischen dem vollendeten und dem versuchten Delikt bzw. zwischen den beiden versuchten Delikten (im Bsp.: §§ 223 I, II, 22 und §§ 303 I, II, 22 StGB)

Welche Verwirklichungsstufen einer Tat sind grds. zu unterscheiden?

Strafrecht AT II: Karteikarte 80; Rn. 2 ff.

Tatentschluss	Grds. nicht strafbar (Ausn.: § 30 II StGB)
Vorbereitungs-handlungen	Grds. nicht strafbar (Ausn. z.B.: §§ 83, 89a, 263a III StGB)
Ansetzen zur Tat	§ 22 StGB → Beginn der (Versuchs-)Strafbarkeit
Vollendung	Erfüllung aller TB-Merkmale
Beendigung	Tatsächl. Abschluss des Tatgeschehens über die eigentl. TB-Erfüllung hinaus (vgl. § 78a StGB)

Bei welchen Deliktsarten ist ein Versuch (nicht) möglich?

↳ Strafrecht AT II: Rn. 14 ff.

Vorsätzliches Begehungsdelikt	Versuch grds. möglich
Fahrlässigkeitsdelikt	Versuch begrifflich nicht denkbar, da bei Fahrlässigkeit kein Tatentschluss besteht
Unterlassungsdelikt	Versuch grds. möglich
Erfolgsqualifikation	Versuch grds. möglich, vgl. § 11 II StGB
Unternehmensdelikt	Versuch nicht möglich, da begrifflich schon mit dem Versuch Vollendung eintritt

Prüfungsschema

Erstellen Sie ein Schema für die Prüfung der Strafbarkeit des Versuchs!

Der Versuch

↳ Strafrecht AT II: Karteikarte 80; Rn. 20

1. Vorprüfung

a) Keine Vollendung
b) Strafbarkeit des Versuchs (v.a. § 23 I StGB)

2. Tatbestand

a) Tatentschluss
- Vorsatz
- Sonstige subjektive TB-Merkmale

b) Unmittelbares Ansetzen, § 22 StGB
c) Ggfs.: Objektive Bedingung der Strafbarkeit

3. RWK

4. Schuld

5. Sonstiges

V.a.: Strafausschließungs-/aufhebungsgründe

Wann liegt Tatentschluss i.S.d. Versuchsstrafbarkeit vor?

Strafrecht AT II: Karteikarte 81; Rn. 46 ff.

Tatentschluss

Vorsatz bzgl. aller obj. TB-Merkmale

und

Alle sonstigen subj. TB-Merkmale

Ausreichend für die Bejahung des Tatentschlusses

- Dolus eventualis
- Alternativer Tatentschluss
- Kein Irrtum gem. § 16 I S. 1 StGB

Unschädlich für die Bejahung des Tatentschlusses

- Wenn das Tatobjekt bzw. deren Anzahl noch nicht konkretisiert ist
- Wenn der Tatentschluss auflösend bedingt ist

Wie unterscheiden sich der untaugliche Versuch und das Wahndelikt?

Strafrecht AT II: Karteikarte 82; Rn. 70 ff.

Untauglicher Versuch	**Wahndelikt**
Der Täter stellt sich eine Sachlage vor, bei deren wirklichem Vorliegen sein Handeln einen StrafTB erfüllen würde	Der Täter nimmt irrig an, dass sein in tatsächlicher Hinsicht richtig erkanntes Verhalten einen StrafTB erfülle
= Umgekehrter TB-Irrtum	= Umgekehrter Verbotsirrtum
Grds. strafbar	Nicht strafbar

Wann ist das unmittelbare Ansetzen i.S.d. § 22 StGB zu bejahen, wenn der Täter noch nicht mit der Ausführung der tatbestandsmäßigen Handlung als solcher begonnen hat?

Strafrecht AT II: Karteikarte 83, 84; Rn. 75 ff.

Unmittelbares Ansetzen nach der **gemischt subjektiv-objektiven Theorie (h.L. und Rspr.)**

Subjektive Vorstellung des Täters

+

Objektive Manifestation der Tätervorstellung

Unmittelbares Ansetzen i.d.S. (+), wenn der Täter subjektiv die Schwelle zum „Jetzt geht's los!" überschreitet und objektiv Handlungen vornimmt, die nach seinem Tatplan ohne weitere wesentliche Zwischenschritte in die TB-Verwirklichung einmünden

Wann geht die h.M. im Fall der mittelbaren Täterschaft vom unmittelbaren Ansetzen aus?

↳ Strafrecht AT II: Rn. 93 ff.

Unmittelbares Ansetzen bei mittelbarer Täterschaft nach h.M.

(+), wenn nach der Tätervorstellung eine unmittelbare Gefährdung des Rechtsguts eingetreten ist

oder

(+), wenn der mittelbare Täter das Werkzeug aus seinem Herrschaftsbereich entlässt und damit das von ihm in Gang gesetzte Geschehen so aus der Hand gibt, dass nach seiner Vorstellung das Werkzeug in unmittelbarem Anschluss ohne weitere wesentliche Zwischenschritte die Tat ausführt

Wann ist im Fall des unechten Unterlassungsdelikts vom unmittelbaren Ansetzen auszugehen?

↳ Strafrecht AT II: Karteikarte 149; Rn. 103 ff.

Unmittelbares Ansetzen bei **unechtem Unterlassen**

e.A.:	(+) im letztmöglichen Hilfezeitpunkt
a.A.:	(+) beim Verstreichen der erstmöglichen Rettungschance
h.M.:	(+), wenn nach der Tätervorstellung eine akute Gefahr für das Rechtsgut vorliegt, der Eintritt des tatbestandlichen Erfolgs nahegerückt ist und der Täter die erste Rettungsmöglichkeit verstreichen lässt oder wenn der Täter das Geschehen bei Möglichkeit einer sich entwickelnden Gefahr vorher schon aus der Hand gibt

Wann ist im Fall der Mittäterschaft unmittelbares Ansetzen für die einzelnen Mittäter anzunehmen, wenn ein Mittäter schon mit der TB-Verwirklichung begonnen hat und ein anderer Mittäter untätig bleibt?

Strafrecht AT II: Karteikarte 115 f.; Rn. 105 ff.

Unmittelbares Ansetzen bei **Mittäterschaft**

Gesamtlösung (h.M.)

Der Versuch beginnt für alle Beteiligten, wenn auch nur einer i.R.d. gemeinsamen Tatplans zur Verwirklichung des TB unmittelbar ansetzt

Einzellösung (a.A.)

Das unmittelbare Ansetzen wird für jeden einzelnen Mittäter nach den allgemeinen Regeln bestimmt

In welchem Zeitpunkt ist bei einer Qualifikation bzw. bei einem Regelbeispiel das unmittelbare Ansetzen i.S.d. § 22 StGB zu bejahen?

↳ Strafrecht AT II: Karteikarte 85; Rn. 110 ff.

Unmittelbares Ansetzen bei der Qualifikation

↓

h.M.

Entscheidend ist grds. das unmittelbare Ansetzen zum Grunddelikt, nicht das ggf. frühere Ansetzen zum qualifizierenden TB-Merkmal

Unmittelbares Ansetzen beim Regelbeispiel

↓

h.M.

Die Erfüllung bzw. das Ansetzen zu einem Regelbeispiel führt nicht zu einer Vorverlagerung des Versuchsbeginns, d.h. auch hier ist ein Ansetzen zum Grunddelikt erforderlich

Ist bei erfolgsqualifizierten Delikten (z.B. § 251 StGB) ein Versuch i.S.d. §§ 22 ff. StGB möglich?

Der Versuch

↳ Strafrecht AT II: Karteikarte 86, 87; Rn. 36 ff.

Aufgrund des § 11 II StGB ist ein Versuch grds. möglich

Erfolgsqualifizierter Versuch:	Versuchte Erfolgsqualifikation:
Versuch des Grunddelikts + Eintritt der schweren Folge	Versuch / Vollendung des Grunddelikts + Nichteintritt der vom Vorsatz erfassten schweren Folge
Versuch (+), wenn der qualifizierte Erfolg an die tatbestandliche Handlung anknüpft (-) hingegen, wenn er an den tatbestandlichen Erfolg anknüpft	Möglich, da gem. § 18 StGB erfolgsqualifizierte Delikte i.d.R. auch vorsätzlich begangen werden können (z.B. § 251 StGB „*wenigstens*“ leichtfertig)

Wie wird der persönliche Strafaufhebungsgrund des Rücktritts gem. § 24 StGB beim Alleintäter systematisch geprüft?

Strafrecht AT II: Karteikarte 90; Rn. 116 ff.

1. Kein fehlgeschlagener Versuch

2. Besondere Rücktrittsvoraussetzungen

a) Beim **unbeendeten Versuch** (§ 24 I S. 1 Alt. 1 StGB):
- Aufgeben der weiteren Tatausführung
- Freiwilligkeit

b) Beim **beendeten Versuch** (§ 24 I S. 1 Alt. 2 StGB):
- Verhinderung der Tatvollendung
- Freiwilligkeit

c) Beim **beendeten untauglichen Versuch** (§ 24 I S. 2 StGB):
- Ernsthaftes Bemühen um die Nichtvollendung der Tat
- Freiwilligkeit

Was ist ein fehlgeschlagener Versuch?

Strafrecht AT II: Karteikarte 91; Rn. 120 ff.

Versuch = **fehlgeschlagen**, wenn der Täter nach seiner Vorstellung den Erfolg in unmittelbarem räumlichen und zeitlichen Zusammenhang mit den ihm zur Verfügung stehenden Mitteln nicht herbeiführen kann

↓

Taterfolg ist unerreichbar

Bsp.: Täter erkennt, dass der Mensch, den er töten wollte, bereits tot ist

↓

Taterfolg ist zwar noch erreichbar, aber das hinter dem Tatplan stehende Ziel ist unerreichbar

Bsp.: Täter bemerkt während der Tat, dass sein Tatopfer nicht mit dem geplanten Opfer identisch ist, und nimmt daher Abstand von der Tat

Wie grenzt die h.M. den fehlgeschlagenen vom (un)beendeten Versuch ab, wenn der Täter zur Erreichung des tatbestandlichen Erfolges von vornherein mehrere Handlungen bzw. Einzelakte geplant hat?

Strafrecht AT II: Karteikarte 92; Rn. 125 ff.

h.M.: Gesamtbetrachtungslehre

Wenn ein einheitliches Tatgeschehen aufgrund eines engen Zusammenhangs der Einzelakte vorliegt...

sowie

...wenn zugleich aus Tätersicht nach der letzten Handlung noch die Möglichkeit der Vollendung bestanden hat...

...ist ein Versuch nicht fehlgeschlagen

Welches Problem stellt sich bei den sog. „Denkzettel"-Fällen (Täter handelt nur mit dolus eventualis und sieht nach Erreichung eines außertatbestandlichen Ziels von weiteren Handlungsmöglichkeiten ab)?

Strafrecht AT II: Karteikarte 93; Rn. 129 ff.

Problem: Ist mit Erreichung des außertatbestandlichen Ziels der Versuch schon fehlgeschlagen und ein Rücktritt damit ausgeschlossen?

Gr. Senat: Fehlgeschlagen (-)

- § 24 StGB stellt auf die „Tat" ab, nicht auf außertatbestandl. Ziele
- Der bedingt vorsätzlich Handelnde soll nicht schlechter gestellt sein als der mit dolus directus 1. Grades Handelnde
- Opferschutzgedanke

a.A.: Fehlgeschlagen (+)

- Das Tatziel aus Tätersicht bereits erreicht
- Fehlen einer honorierbaren Verzichtsleistung

Wie wird der unbeendete (§ 24 I S. 1 Alt. 1 StGB) vom beendeten (§ 24 I S. 1 Alt. 2, S. 2 StGB) Versuch abgegrenzt?

Strafrecht AT II: Karteikarte 94; Rn. 133 ff.

Unbeendeter Versuch ⇔ **Beendeter Versuch**

Unbeendeter Versuch	Beendeter Versuch
Der Täter hat nach seiner Vorstellung noch nicht alles getan, was nach seiner Vorstellung von der Tat zu ihrer Vollendung erforderlich ist	Der Täter hat nach seiner Vorstellung bereits alles getan, was nach seiner Vorstellung von der Tat zur Herbeiführung des tatbestandlichen Erfolges notwendig und ausreichend ist

Welcher Streit besteht bei mehraktiger Tatbegehung hinsichtlich der Abgrenzung von beendetem und unbeendetem Versuch?

Strafrecht AT II: Karteikarte 94; Rn. 130 f.

Str.: Auf welchen Zeitpunkt ist bzgl. der Tätervorstellung abzustellen?

e.A.: Tatplantheorie	**h.M.:** Lehre vom Rücktrittshorizont
Entscheidend ist Tätervorstellung bei <u>Tatbeginn</u>	Entscheidend ist Tätervorstellung nach der <u>letzten Ausführungshandlung</u>

Arg.: die Tatplantheorie privilegiert den Täter mit besonders hoher krimineller Energie, der alle Eventualitäten berücksichtigt hat gegenüber demjenigen, der zunächst nur an eine Art der Tatausführung gedacht hat

Was ist unter dem Begriff der „Tat“ i.S.d. § 24 StGB zu verstehen?

Strafrecht AT II: Karteikarte 95; Rn. 136

„Tat“ i.S.d. § 24 StGB nach der Rspr.

„Tat“ = Umschreibung der Straftat im jeweiligen gesetzlichen Straftatbestand

D.h. konkret: Bei mehreren tateinheitlich i.S.d. § 52 StGB geplanten Delikten (z.B. § 211 StGB und §§ 249 ff. StGB) kann der Täter grds. von einem Delikt zurücktreten, und ein anderes begehen

Unter welchen Voraussetzungen tritt der Täter freiwillig i.S.d. § 24 I S. 1, 2, II StGB zurück?

↳ Strafrecht AT II: Karteikarte 95; Rn. 139 ff.

h.M.: „Freiwillig“ i.d.S. handelt, wer durch *autonome Motive* zum Rücktritt veranlasst wird

(+) z.B. bei Gewissensbissen, Scham, Mitleid, Angst vor Strafe

(-) bei heteronomen (fremdbestimmten) Motiven, z.B. Gefahr des Entdecktwerdens

Der Täter denkt: „**Ich will nicht, obwohl ich kann**!“ ⇔ Der Täter denkt: „**Ich kann nicht, obwohl ich will**!“

Welche Handlung muss zum wirksamen Rücktritt gem. § 24 I S. 1 Alt. 2 StGB bzw. § 24 I S. 2 StGB vorgenommen werden?

Strafrecht AT II: Karteikarte 96; Rn. 143 ff.

Rücktrittshandlung gem. **§ 24 I S. 1 Alt. 2 StGB**	Rücktrittshandlung gem. **§ 24 I S. 2 StGB**
h.M.: Der Täter muss bewusst und gewollt eine neue Kausalkette in Gang setzen, die für das Ausbleiben der Vollendung (mit-)ursächlich ist	Der Täter muss sich ernsthaft bemühen, die Vollendung zu verhindern, d.h. alles tun, was aus seiner Sicht zur Abwendung des drohenden Erfolges notwendig und geeignet ist
	→ **Fehlende Verhinderungskausalität**

Erstellen Sie ein Schema für den Rücktritt im Falle mehrerer Beteiligter!

↳ Strafrecht AT II: Karteikarte 90; Rn. 148 ff.

1. Kein fehlgeschlagener Versuch

2. Verschiedene Varianten des § 24 II StGB

a) § 24 II S. 1 StGB: **freiwillige Verhinderung der Tatvollendung**
- Verhinderung der Tatvollendung
- Freiwilligkeit

b) § 24 II S. 2 Alt. 1 StGB: **fehlende Verhinderungskausalität**
- Ernsthaftes Bemühen um die Nichtvollendung
- Freiwilligkeit

c) § 24 II S. 2 Alt. 2 StGB: **fehlende Vollendungskausalität**
- Ernsthaftes Bemühen um die Nichtvollendung
- Freiwilligkeit

Welche Varianten regelt § 24 II StGB für den Rücktritt im Fall mehrerer Beteiligter?

Strafrecht AT II: Karteikarten 97, 98; Rn. 150 ff.

§ 24 II S. 1 StGB

- Tatvollendung (-)
- Aktives oder passives Tun, welches kausal für die Nichtvollendung

§ 24 II S. 2 Alt. 1 StGB

- Tatvollendung (-)
- Ernsthaftes Bemühen um die Nichtvollendung, auch wenn dieses nicht kausal für die Nichtvollendung

§ 24 II S. 2 Alt. 2 StGB

- Tatvollendung (+)
- Tatvollendung aber ohne Zutun bzw. unabhängig vom Tatbeitrag

Was ist für das TB-Merkmal „ohne sein Zutun“ bzw. „unabhängig von seinem früheren Tatbeitrag“ zu fordern?

Strafrecht AT II: Karteikarte 98; Rn. 154ff.

„Ohne sein Zutun“ bzw. „unabhängig von seinem früheren Tatbeitrag“

Nicht ausreichend

Bloßes Aufgeben des Tatentschlusses

Erforderlich

Zurücknahme des Tatbeitrages, so dass dieser in der Tatvollendung nicht mehr fortwirkt

Bei Rücknahme des Tatbeitrages vor Versuchsbeginn: versuchte Beteiligung (§§ 30, 31 StGB) bzw. Beihilfe (§ 27 StGB) möglich

Wie wird beim unechten Unterlassungsversuch (vgl. § 13 StGB) ein beendeter vom unbeendeten Versuch abgegrenzt?

Strafrecht AT II: Karteikarte 150; Rn. 157 f.

h.L.

Unbeendeter Versuch (+), wenn der Garant nach seiner Vorstellung die ursprünglich zur Erfolgsverhinderung gebotene Rettungshandlung noch vornehmen kann, um den Erfolgseintritt zu verhindern

Beendeter Versuch (+), wenn nach der Vorstellung des Garanten die Nachholung lediglich der ursprünglich zur Erfolgsverhinderung gebotenen Rettungshandlung erfolglos wäre

BGH

Unterlassungsversuch = **immer** beendeter Versuch i.S.d. § 24 I S. 1 Alt. 2 StGB

Kann ein Täter lediglich von einem qualifizierenden TB-Merkmal zurücktreten, z.B. indem er nach Versuchsbeginn eine Waffe i.S.d. § 224 Nr. 2 StGB aus Scham wegwirft?

↳ Strafrecht AT II: Karteikarte 99; Rn. 159

Teilrücktritt nach § 24 StGB möglich?

Rspr.

Teilrücktritt (-)

Arg.: Der Wortlaut des § 24 StGB spricht von Aufgeben der „Tat", nicht eines Qualifikationsmerkmals

h.L.

Teilrücktritt (+)

Arg.: Erhebliche Unrechtsreduzierung, daher sei die Verzichtsleistung zu honorieren; Grunddelikt und Qualifikation seien wertungsmäßig verschiedene Taten

Ist bei einem erfolgsqualifizierten Delikt (z.B. § 251 StGB) ein Rücktritt möglich, wenn die schwere Folge bereits eingetreten ist?

↳ Strafrecht AT II: Karteikarte 99; Rn. 160

Rücktritt vom erfolgsqualifizierten Versuch möglich?

h.M.

Rücktritt möglich

§ 24 StGB regelt ein Aufgeben der „Tat", und diese bezieht sich (auch) auf das Grunddelikt → von diesem kann folglich auch nach Eintritt der schweren Folge zurückgetreten werden

M.M.

Rücktritt nicht möglich

Die typische Gefahr des Grunddelikts habe sich bereits verwirklicht, die Strafverschärfung durch die Erfolgsqualifikation sei dadurch bereits „realisiert"

Ist bei einem (un-)echten Unternehmensdelikt ein Rücktritt möglich?

↳ Strafrecht AT II: Karteikarte 89; Rn. 162 ff.

Echtes Unternehmensdelikt	**Unechtes Unternehmensdelikt**
Der Versuch eines Delikts wird gem. § 11 I Nr. 6 StGB seiner Vollendung gleichgestellt (*Bsp.:* § 81 I StGB)	Die Auslegung eines TB-Merkmals ergibt, dass Vollendung schon in dem Zeitpunkt vorliegt, in dem eigentlich erst ein Versuch zu bejahen ist (*Bsp.:* „Nachstellen“ i.S.d. § 292 I Nr. 1 StGB)

Ein Rücktritt ist jeweils denknotwendig ausgeschlossen

Nach welcher Vorschrift bemisst sich der Rücktritt des mittelbaren Täters?

Strafrecht AT II: Karteikarte 109; Rn. 161

Rücktritt des mittelbaren Täters

h.M.: Rücktritt nur gem. **§ 24 II StGB**, nicht nach **§ 24 I StGB**

Die besondere Gefährlichkeit der mittelbaren Täterschaft rechtfertigt die höheren Anforderungen des § 24 II StGB

Der Rücktritt des Werkzeugs (gem. § 24 I StGB!) wirkt sich grds. nicht auf die Strafbarkeit des mittelbaren Täters aus

Welche Formen der Beteiligung im strafrechtlichen Sinne sind geregelt bzw. anerkannt?

Strafrecht AT II: Rn. 166 ff.

Beteiligung

Täterschaft

Alleintäterschaft
- Unmittelbar, § 25 I Alt. 1 StGB
- Mittelbar, § 25 I Alt. 2 StGB

Mittäterschaft, § 25 II StGB

Nebentäterschaft (nicht geregelt)

Teilnahme

Anstiftung, § 26 StGB

Beihilfe, § 27 StGB

Wie wird bei Allgemeindelikten Täterschaft und Teilnahme abgegrenzt?

Täterschaft und Teilnahme

Strafrecht AT II: Karteikarte 100; Rn. 174 ff.

Rein subjektive Theorie	Tatherrschaftstheorie **(h.M.)**
Täter ist, wer mit Täterwillen (animus auctoris) handelt, also die Tat „als eigene" will	Täter ist, wer Tatherrschaft hat, d.h. den tatbestandsmäßigen Geschehensablauf als Zentralgestalt „in den Händen" hält
Teilnehmer ist, wer mit Teilnehmerwillen (animus socii) handelt, also die Tat „als fremde" veranlassen oder fördern will	Teilnehmer ist, wer ohne Tatherrschaft die Tat als Randfigur veranlasst oder fördert

Was ist Tatherrschaft i.S.d. der Tatherrschaftstheorie?

Strafrecht AT II: Karteikarte 100; Rn. 177 ff.

Tatherrschaft

Das vom Vorsatz umfasste In-den-Händen-Halten des tatbestandsmäßigen Geschehensablaufs

Entscheidend ist, ob bzw. inwieweit der Beteiligte nach Art und Gewicht seines **objektiven** Tatbeitrags und aufgrund seiner **subjektiven** Willensbeteiligung die TB-Verwirklichung so mitbestimmt, dass der Erfolg (auch) als das Werk seines zielstrebig lenkenden bzw. die Tat mitgestaltenden Willens erscheint

§ 25 I Alt. 1 StGB: Handlungsherrschaft	**§ 25 I Alt. 2 StGB:** Willensherrschaft	**§ 25 II StGB:** Funktionelle Tatherrschaft

In welchen Fällen ergibt sich auch ohne Zugrundelegung der zuvor erörterten Abgrenzungstheorien aus der Deliktsnatur, wer Täter bzw. Teilnehmer ist?

Strafrecht AT II: Karteikarte 101; Rn. 185 ff.

(Un-)echte Sonderdelikte	Nur eine Person aus dem im TB umschriebenen Personenkreis kann Täter sein (z.B. §§ 331 ff., 225 StGB)
Eigenhändige Delikte	Täter ist nur der, der den TB persönlich erfüllt (z.B. §§ 315c, 153 StGB)
Pflichtdelikte	Täter kann nur der Träger der im TB geregelten Pflicht sein (z.B. § 13 StGB)
Delikte mit überschießender Innentendenz bzw. mit subj. strafbegründenden TB-Merkmalen	Täter kann nur sein, wer mit der im TB vorausgesetzten Absicht handelt (z.B. § 242 I StGB) bzw. bei dem das besondere subj. TB-Merkmal erfüllt ist (z.B. § 225 I StGB, „böswillig“)

Erstellen Sie ein Schema für die Prüfung der mittelbaren Täterschaft i.S.d. § 25 I Alt. 2 StGB!

↳ Strafrecht AT II: Karteikarte 102; Rn. 182 ff.

Nach der Prüfung der Strafbarkeit des Werkzeugs erfolgt die **Prüfung des Hintermanns** wie folgt:

I. TB

1. Obj. TB:

Zurechnung des Handelns des Werkzeugs, wenn

- Kausaler Tatbeitrag
- Tatherrschaftsmangel beim Werkzeug
- Wissens-/Willensherrschaft des Hintermanns

2. Subj. TB:

- Vorsatz, insb. Bewusstsein der Tatherrschaft
- Sonstige subj. TB-Merkmale

II. RWK

Wie üblich

III. Schuld

Wie üblich

Auf welcher Ebene können grds. Strafbarkeitsmängel des Werkzeugs auftreten, welche die Strafbarkeit des Hintermanns als mittelbaren Täter auslösen können?

↳ Strafrecht AT II: Karteikarte 103; Rn. 190 ff.

Obj. TB	• Das Werkzeug handelt **nicht obj. TB-mäßig** • *Bsp.:* das Werkzeug schädigt (durch den Hintermann veranlasst) sich selbst (z.B. § 223 StGB)
Subj. TB	• Das Werkzeug handelt **nicht subj. TB-mäßig** • *Bsp.:* das Werkzeug unterliegt einem Irrtum nach § 16 I S. 1 StGB, der vom Hintermann verursacht bzw. ausgenutzt wird
RWK	• Das Werkzeug handelt **nicht rechtswidrig** • *Bsp.:* das Werkzeug handelt (wie vom Hintermann bezweckt) nach § 32 StGB gerechtfertigt
Schuld	• Das Werkzeug handelt **nicht schuldhaft** • *Bsp.:* das Werkzeug ist schuldunfähig (§ 20 StGB), was vom Hintermann verursacht bzw. ausgenutzt wird

Wie ist in den Fällen der durch den Hintermann veranlassten Selbstschädigung des Werkzeugs abzugrenzen zwischen mittelbarer Täterschaft einerseits und einer mangels Haupttat straflosen Anstiftung andererseits?

Strafrecht AT II: Karteikarte 103; Rn. 192

Anstiftung (+), wenn der Entschluss zur Selbstschädigung des Werkzeugs auf einem **freiverantwortlichen Willensentschluss** beruht; ansonsten: **mittelbare Täterschaft** (+)

Problem: Anforderungen an die Freiverantwortlichkeit?

e.A.: Wäre das Werkzeug strafbar, wenn es nicht sich, sondern einen Dritten geschädigt hätte?

h.M.: Hätte das Werkzeug in eine Schädigung durch einen Dritten rechtfertigend einwilligen können?

Was ist bzgl. der Prüfung der mittelbaren Täterschaft zu beachten, wenn das Werkzeug lediglich schuldlos handelt?

↳ Strafrecht AT II: Karteikarte 104; Rn. 185 ff.

Es ergeben sich **Abgrenzungsprobleme zur Anstiftung**, weil diese gem. § 26 StGB nur eine vorsätzliche, rechtswidrige (nicht notwendigerweise schuldhafte) Haupttat voraussetzt

Wenn Tatherrschaft (+), d.h. Überwiegen der Willens- bzw. Wissensherrschaft gegenüber der Handlungsherrschaft des Werkzeugs

→ **Mittelbare Täterschaft (+)**

Wenn Tatherrschaft (-), d.h. wenn das Werkzeug trotz fehlender Verantwortlichkeit noch einen eigenen Entschluss fassen kann

→ **Anstiftung (+)**

In welchen Fällen wird ausnahmsweise mittelbare Täterschaft angenommen, obwohl das Werkzeug volldeliktisch und damit strafbar handelt?

↳ Strafrecht AT II: Karteikarte 105; Rn. 206 ff.

Fälle des „Täters hinter dem Täter“

„Schreibtisch-täter“ →	Tatausführung unter Ausnutzung organisatorischer Machtapparate (überlegene Organisationsherrschaft; selten!)
Gradueller TB-Irrtum →	Irrtum des Werkzeugs über die Tragweite des durch die Tat herbeigeführten Schadens (str.)
Vermeidbarer Verbotsirrtum →	Mittelbare Tatherrschaft (+), wenn der Hintermann das Geschehen mit Hilfe des von ihm bewusst hervorgerufenen Irrtums gewollt auslöst und steuert (str., z.B. „Katzenkönig“-Fall)

Wie ist der Hintermann strafbar, wenn das Werkzeug entgegen der Vorstellung des Hintermanns schuldlos bzw. schuldhaft handelt? Wie verhält es sich, wenn das Werkzeug entgegen der Vorstellung des Hintermanns mit bzw. ohne Vorsatz handelt?

↳ Strafrecht AT II: Karteikarte 106; Rn. 209 ff.

Der Hintermann glaubt irrigerweise, das Werkzeug handele schuldhaft	Der Hintermann glaubt irrigerweise, das Werkzeug handele schuldlos
Anstiftung (+)	**h.M.:** Anstiftung (+)

Der Hintermann glaubt irrigerweise, das Werkzeug handele vorsätzlich	Der Hintermann glaubt irrigerweise, das Werkzeug handele nicht vorsätzlich
Ggf. versuchte Anstiftung (+), § 30 I StGB	• **Lehre v.d. Tatherrschaft:** Anstiftung (+) • **Subj. Theorie:** mittelbare Täterschaft (+)

Wie wirkt es sich auf die Strafbarkeit des mittelbaren Täters aus, wenn das Werkzeug einem error in persona vel in obiecto unterliegt?

↳ Strafrecht AT II: Karteikarten 107, 124; Rn. 217 ff.

e.A.

→ Aus Sicht des Hintermanns: stets aberratio ictus

a.A.

- Wenn der Hintermann dem Werkzeug die Individualisierung des Opfers/Tatobjekts überlassen hatte → Aus Sicht des Hintermanns: error in persona vel in obiecto
- Wenn der Hintermann die Individualisierung des Opfers/Tatobjekts selbst vorgenommen hatte → Aus Sicht des Hintermanns: aberratio ictus

Erstellen Sie ein Schema für die (getrennte) Prüfung der Mittäterschaft i.S.d. § 25 II StGB!

Strafrecht AT II: Karteikarte 110, 117; Rn. 227 ff.

Nach der Prüfung der Strafbarkeit des Tatnächsten erfolgt die Prüfung der übrigen Beteiligten wie folgt:

I. TB

1. Obj. TB
- a) Vorliegen aller obj. TB-Merkmale
- b) Eigener Tatbeitrag (gemäß gemeinsamem Tatplan)
- c) Zurechnung d. Tatbeiträge der Mittäter gem. § 25 II StGB
  - (1) Arbeitsteiliges Zusammenwirken
  - (2) Gemeinsamer Tatplan

2. Subj. TB
- a) Vorsatz bzgl. aller obj. TB-Merkmale
- b) Ggfs. besondere subj. TB-Merkmale

II. RWK & III. Schuld

Wie üblich

Erstellen Sie ein Schema für die (gemeinsame) Prüfung der Mittäterschaft i.S.d. § 25 II StGB!

↳ Strafrecht AT II: Karteikarte 110; Rn. 227 ff.

I. TB

1. Obj. TB

a) Vorliegen aller obj. TB-Merkmale

b) Tatbeiträge von jedem Mittäter

c) Zurechnung der Tatbeiträge der Mittäter gem. § 25 II StGB

(1) Arbeitsteiliges Zusammenwirken

(2) Gemeinsamer Tatplan/-entschluss

2. Subj. TB

a) Vorsatz jedes Mittäters bzgl. aller obj. TB-Merkmale

b) Ggfs. besondere subj. TB-Merkmale bei jedem Mittäter

II. RWK & III. Schuld

Wie üblich

Welche Anforderungen sind an den i.R.d. Mittäterschaft erforderlichen Tatbeitrag zu stellen?

↳ Strafrecht AT II: Karteikarte 111; Rn. 230 ff.

Anforderungen an den Tatbeitrag

Beiträge i.R.d. konkreten Ausführung der Tat

= Klassischer Fall des mittäterschaftlichen Tatbeitrages, daher grds. ausreichend

Str.: Bloße Vorbereitungshandlungen ausreichend?

Subj. Theorie:

Nicht ausgeschlossen, da jeder kausale Tatbeitrag ausreichend sei, sofern Täterwillen (+)

Tatherrschaftslehre:

Ausreichend, sofern der Beitrag ein bestimmtes Maß an funktionaler Bedeutung i.R.d. Gesamtplans hat

Welche Anforderungen sind an den gemeinsamen Tatentschluss bzw. -plan i.R.d. subjektiven Tatbestands zu stellen?

↳ Strafrecht AT II: Karteikarte 112; Rn. 230 ff.

Subj. Theorie →	Bloßer Täterwille genügt
Tatherrschaftslehre →	Bewusstsein der (funktionellen) Tatherrschaft erforderlich
Rspr. →	Täterwille ausreichend, wenn das „Minus“ bei der Tatausführung ausgeglichen wird durch ein „Plus“ bei der Tatplanung (Bsp.: „Bandenchef“)

Zwar wird i.d.R. der gemeinsame Tatplan vor Tatbeginn gefasst; grds. möglich ist aber auch, dass ein solcher erst nach Tatbeginn (aber noch vor Tatbeendigung) gefasst wird (sog. **sukzessive Mittäterschaft; str.**)

Muss sich ein nach Tatbeginn hinzukommender Mittäter bereits abgeschlossene Tatbeiträge eines anderen Mittäters nach § 25 II StGB zurechnen lassen?

↳ Strafrecht AT II: Karteikarte 112; Rn. 230 ff.

Zurechnung **abgeschlossener Tatbeiträge** gem. § 25 II StGB

h.M.

Zurechnung (+): der mittäterschaftliche Tatentschluss schließt das Einverständnis mit dem *Gesamtplan* mit ein

a.A.

Zurechnung (-): die bloße nachträgliche Kenntnis einschl. Billigung des Gesamtgeschehens kann keine strafrechtliche Verantwortung begründen (lat.: dolus subsequens non nocet)

Wichtig: Völlig abgeschlossene *Straftaten* können nach einhelliger Auffassung über § 25 II StGB nicht zugerechnet werden

Wie wirkt sich der Exzess eines Mittäters auf die Strafbarkeit der übrigen Mittäter aus? Was gilt, wenn ein Mittäter einem Irrtum unterliegt?

↳ Strafrecht AT II: Karteikarte 114; Rn. 240 ff.

Exzess

Die Mittäter sind nur i.R.d. gemeinsamen Tatentschlusses verantwortlich

Zurechnung zu Lasten der übrigen Mittäter (-), sofern während der Tatausführung der Tatentschluss nicht ausgeweitet wurde

Irrtum

Es gelten grds. die allg. Regeln (v.a. §§ 16, 17 StGB)

h.M.: Ein error in persona vel in obiecto ist grds. unbeachtlich, sofern dies für den unmittelbar Handelnden gilt und dieser i.R.d. Tatplans gehandelt hat

Welches Problem stellt sich, wenn mangels gemeinsamen Tatplans tatsächlich keine Mittäterschaft besteht, aber der Täter irrtümlich von einer solchen ausgeht?

Strafrecht AT II: Karteikarten 116 f.; Rn. 108 ff.

Problem: Kann dem irrenden Täter das Ansetzen eines vermeintlichen Mittäters gem. § 25 II StGB zugerechnet werden?

Der BGH hat dieses Problem in seiner Rspr. bisher nicht einheitlich behandelt

Richtigerweise muss eine tatsächliche und nicht nur vermeintliche Mittäterschaft vorliegen; Arg.: es kann ein Tatbeitrag nur zugerechnet werden, wenn ein solcher tatsächlich vorliegt (str.); Strafbarkeit gem. § 30 II StGB ist mögl.

Was bedeutet Nebentäterschaft?

Strafrecht AT II: Karteikarte 118; Rn. 247 ff.

Nebentäterschaft

(+), wenn mehrere Personen den tatbestandsmäßigen Erfolg gemeinschaftlich herbeiführen, ohne durch einen gemeinsamen Tatentschluss wie bei der Mittäterschaft verbunden zu sein und ohne dass mittelbare Täterschaft oder Teilnahme vorliegt

Hauptanwendungsfall: Taterfolg wird durch ein fahrlässiges Verhalten mehrerer Personen (nebeneinander) herbeigeführt

Was bedeutet der i.R.d. Teilnahme gültige Grundsatz der limitierten Akzessorietät?

Strafrecht AT II: Rn. 254 ff.

Limitierte Akzessorietät i.R. der Teilnahme

Akzessorietät

Anstiftung und Beihilfe leiten ihren Unrechtsgehalt grds. vom Unrecht der Haupttat ab

Limitierte Akzessorietät

Anstiftung und Beihilfe setzen nicht eine *strafbare* Haupttat, sondern nur eine *vorsätzliche* und *rechtswidrige* (nicht: schuldhaft begangene) Haupttat voraus, §§ 26, 27 I StGB

Erstellen Sie ein Schema für die Prüfung der Anstiftung nach § 26 StGB!

Strafrecht AT II: Karteikarte 119; Rn. 269

Nach der Prüfung der Strafbarkeit des Haupttäters nach dem üblichen Schema erfolgt die **Prüfung des Anstifters** wie folgt:

I. TB

1. Obj. TB
- a) Vorsätzliche, rechtswidrige Haupttat
- b) Bestimmen zur Haupttat

2. Subj. TB: Doppelvorsatz
- a) Vorsatz bzgl. der Haupttat
- b) Vorsatz bzgl. des Bestimmens zur Haupttat

II. RWK

Wie üblich

III. Schuld

Wie üblich

Welche Anforderungen sind an das Bestimmen zur Haupttat i.S.d. § 26 StGB zu stellen?

Strafrecht AT II: Karteikarte 120; Rn. 270 f.

„**Bestimmen**" = Hervorrufen des Tatentschlusses, d.h. jede Handlung, die (mit-)ursächlich für den Tatentschluss des Haupttäters ist

Anstiftungsmittel

Grds. jedes Mittel, **z.B.:**

- Überreden, Anregung, (konkludente) Aufforderung
- Drohung, Täuschung

Tatobjekt

- Ein fest zur Tat Entschlossener kann grds. nicht mehr angestiftet werden
- **BGH:** § 26 StGB ist bei der Aufstiftung anwendbar (**a.A.:** grds. § 27 StGB)
- Umstiftung fällt ebenfalls unter § 26 StGB
- Im Fall der Abstiftung ist allenfalls (psych.) Beihilfe möglich, § 27 StGB

Wie ist der Täter zu bestrafen, wenn er

a) zu einer Anstiftung anstiftet,
b) zu einer Beihilfe anstiftet,
c) Beihilfe zu einer Anstiftung leistet,
d) Beihilfe zu einer Beihilfe leistet?

Strafrecht AT II: Karteikarte 121; Rn. 228 ff.

a) Anstiftung zur Anstiftung	b) Anstiftung zur Beihilfe
Kettenanstifter und Anstifter sind als Anstifter zur Haupttat strafbar	Alle Teilnehmer sind nach den Regeln der Beihilfe strafbar

c) Beihilfe zur Anstiftung	d) Beihilfe zur Beihilfe
Alle Teilnehmer sind nach den Regeln der Beihilfe strafbar	Kettengehilfe und Gehilfe sind als Gehilfen zur Haupttat strafbar (§ 27 II S. 2 StGB wird **nicht** doppelt angewandt)

Welche Voraussetzungen muss der Anstifter in subjektiver Hinsicht erfüllen?

Strafrecht AT II: Karteikarte 122; Rn. 283 ff.

Vorsatz bzgl. des Bestimmens → Wissen und Wollen; dolus eventualis ist ausreichend

Vorsatz bzgl. der Haupttat → Wissen und Wollen; dolus eventualis ist ausreichend

- Vorsatz bzgl. der *Vollendung* der Haupttat erforderlich (beim agent provocateur i.d.R. (-); str.)
- Vorsatz auch bzgl. der Erfüllung der subjektiven TB-Merkmale der Haupttat in der Person des Haupttäters (z.B. Zueignungsabsicht, § 242 StGB)
- Subjektive Merkmale muss der Anstifter grds nicht selbst *in seiner Person* erfüllen. Zu beachten gilt aber § 28 StGB bei *besonderen* persönlichen Merkmalen

Inwiefern ist die Zurechenbarkeit der Haupttat an den Anstifter gem. § 26 StGB begrenzt?

Strafrecht AT II: Karteikarten 123, 124; Rn. 287 ff.

Der Anstifter ist nur insoweit verantwortlich, als die begangene Tat mit seinem **Vorsatz** übereinstimmt

Exzess des Haupttäters

Anstifterstrafbarkeit (-) für den Exzess des Haupttäters

Für den Haupttäter unbeachtlicher error in persona

- **e.A.:** Auch für den Anstifter unbeachtlich
- **a.A.:** Anwendung der Regeln der aberratio ictus
- **a.A.:** Unbeachtlich, wenn dem Haupttäter die Individualisierung des Opfers überlassen wurde
- **BGH:** Anwendung der Regeln des Irrtums über den Kausalverlauf; d.h. der Irrtum ist für den Anstifter beachtlich, wenn die Abweichung außerhalb der Grenzen des nach allg. Lebenserfahrung Wahrscheinlichen liegt

Ist Anstiftung zu einem erfolgsqualifizierten Delikt möglich?

Strafrecht AT II: Karteikarte 126; Rn. 297 f.

Anstiftung zum erfolgsqualifizierten Delikt

h.M.

Anstiftung möglich: Sie ist konstruiert als Kombination der Anstiftung zum Grunddelikt und fahrlässiger Nebentäterschaft (des Anstifters!) an der schweren Folge

a.A.

Anstiftung nicht möglich

Konsequenz nach **h.M.**: während der Haupttäter nur gem. dem Grunddelikt (z.B. § 223 StGB) strafbar ist, kann der Anstifter wegen Anstiftung zum erfolgsqualifizierten Delikt (z.B. §§ 227, 223, 26 StGB) strafbar sein

Erstellen Sie ein Prüfungsschema für die nach h.M. mögliche Anstiftung zu einem erfolgsqualifizierten Delikt!

Strafrecht AT II: Karteikarte 126; Rn. 298

Nach der Prüfung der Strafbarkeit des Haupttäters erfolgt die **Prüfung des Anstifters** wie folgt:

I. TB

1. Obj. TB

a) Vorsätzliche, rechtswidrige Haupttat

b) Bestimmen zur Haupttat

2. Subj. TB: Doppelvorsatz

a) Vorsatz bzgl. des Bestimmens zur Haupttat

b) Vorsatz bzgl. der Vollendung des Grunddelikts

3. Erfolgsqualifikation, insbes. eigene Fahrlässigkeit

II. RWK

Wie üblich

III. Schuld

Wie üblich

Erstellen Sie ein Schema für die Prüfung der Beihilfe!

↳ Strafrecht AT II: Karteikarte 126; Rn. 299

Nach der wie üblich aufgebauten Prüfung der Strafbarkeit des Haupttäters erfolgt die **Prüfung des Gehilfen** wie folgt:

I. TB

1. Obj. TB
- a) Vorsätzliche, rechtswidrige Haupttat
- b) Hilfe leisten

2. Subj. TB: Doppelvorsatz
- a) Vorsatz bzgl. der Hilfeleistung
- b) Vorsatz bzgl. der Vollendung der Haupttat

II. RWK

Wie üblich

III. Schuld

Wie üblich

Welche Anforderungen sind an das „Hilfe leisten“ i.S.d. § 27 I StGB zu stellen?

Strafrecht AT II: Karteikarte 128; Rn. 302 ff.

„**Hilfe leisten**“ = Förderung der Haupttat durch deren physische oder psychische Unterstützung

Str.: Muss der Gehilfenbeitrag für den Erfolg der Haupttat ursächlich gewesen sein?

Rspr.	**h.L.**	**a.A.**
Kausalität nicht erforderlich; ausreichend: Förderung jedweder Art	Kausalität erforderlich	Kausalität nicht erforderlich, da die Beihilfe ein Gefährdungsdelikt darstelle

Zu welchem Zeitpunkt muss die Beihilfeleistung vorliegen?

Strafrecht AT II: Karteikarte 129; Rn. 304 f.

Beihilfehandlung im Vorbereitungsstadium der Tat möglich

Beihilfehandlung bei der Tatausführung möglich

h.M.: Beihilfehandlung auch zwischen Vollendung und Beendigung möglich (sog. sukzessive Beihilfe)

Problem: Wie ist zwischen Beihilfe und Begünstigung abzugrenzen?

Rspr.: Wenn nach der Vorstellung des Beteiligten noch die Vortat und ihre Beendigung gefördert werden soll, ist Beihilfe anzunehmen; i.Ü. greift § 257 StGB

Inwiefern unterscheiden sich § 28 I StGB und § 28 II StGB grundlegend?

Strafrecht AT II: Karteikarte 130

§ 28 I StGB	§ 28 II StGB
Gilt nur für Teilnehmer	Gilt für Täter und Teilnehmer
Regelt strafbegründende besondere persönliche Merkmale	Regelt strafschärfende, -mildernde und -ausschließende bes. persönliche Merkmale
Rechtsfolge: Strafmilderung beim Teilnehmer	Mögliche Rechtsfolge: Tatbestandsverschiebung
Wird nach der Feststellung der vorsätzlichen, rechtswidrigen und schuldhaften Teilnahme geprüft	Wird i.R.d. TB geprüft

Was ist ein besonderes persönliches Merkmal i.S.d. § 28 I, II StGB?

Strafrecht AT II: Karteikarten 131, 132

Besonderes persönliches Merkmal: Legaldefinition in § 14 I StGB

Täterbezogene Merkmale (+):
Kennzeichnen Umstände, die mit der Person des Beteiligten zusammenhängen

Bsp.:
- Bandenmitgliedschaft (z.B. bei § 244 I Nr. 2 StGB)
- Garantenstellung (§ 13 StGB), nach BGH
- Mordmerkmale der 1./3. Gruppe des § 211 StGB; str.
- Nicht: Vorsatz und einfache Absichten

Tatbezogene Merkmale (-):
Beschreiben den sachlichen Unrechtsgehalt der Tat (v.a. Erfolg, Mittel, Begehungsweise)

Bsp.:
- h.M.: Mordmerkmale der 2. Gruppe des § 211 StGB
- Tatmittel bei § 224 I Nr. 2 StGB

Strafrecht AT II: Karteikarten 136, 137; Rn. 313

I. Vorprüfung	**1.** Keine Ausführung der Haupttat **2.** Grds. Strafbarkeit der versuchten (Ketten-)Anstiftung a) Sonderfälle: z.B. § 159 StGB b) Regelfall: bei Verbrechen, § 30 I StGB
II. TB	**1.** Tatentschluss a) Vorsatz bzgl. der geplanten Haupttat b) Vorsatz bzgl. des Bestimmens zur Haupttat **2.** Unmittelbares Ansetzen zur Haupttat
III. RWK & IV. Schuld	Wie üblich
V. Sonstiges	**1.** Strafmilderung gem. §§ 30 I S. 2, 49 I StGB **2.** Rücktritt nach § 31 I Nr. 1 bzw. II StGB

Erstellen Sie ein Schema für die Prüfung der versuchten Anstiftung gem. § 30 I StGB!

Strafrecht AT II: Rn. 308 ff.

Versuchte Anstiftung

- Gem. § 30 I StGB grds. strafbar, wenn Haupttat = Verbrechen
- Ausnahmsweise auch bei Vergehen strafbar, vgl. z.B. § 159 StGB
- Anstiftung zum Versuch fällt unter § 26 StGB!

Versuchte Beihilfe

Nicht strafbar

Sonderformen

Gem. § 30 II StGB strafbar: Sich-Bereiterklären, Annehmen eines Erbietens, Verabredung bzgl. Verbrechens

Welche Formen des Versuchs der Teilnahme nach § 30 StGB sind zu unterscheiden?

Strafrecht AT II: Karteikarten 133, 134

§ 28 StGB regelt in Abs. 1 strafbegründende Merkmale, und in Abs. 2 (u.a.) strafschärfende Merkmale

Rspr.	**h.L.**
§ 211 StGB und § 212 StGB sind grds. selbständige Tatbestände	§ 211 StGB regelt Qualifikationen des Grundtatbestands § 212 StGB
§ 28 I StGB beim Teilnehmer auf Merkmale des § 211 II Gr. 1 und 3 StGB anwendbar	§ 28 II StGB auf Merkmale des § 211 II Gr. 1 und 3 StGB anwendbar

Inwiefern wirft die Anwendung des § 28 StGB i.R.d. Mordes nach § 211 StGB Probleme auf?

Erstellen Sie ein Schema für die Prüfung der versuchten Beteiligung gem. § 30 II StGB!

↳ Strafrecht AT II: Karteikarte 137; Rn. 315

I. Vorprüfung	**1.** Keine Ausführung der Haupttat **2.** Grds. Strafbarkeit der versuchten (Ketten-)Anstiftung → Regelfall: bei Verbrechen, § 30 II StGB
II. TB	**1.** Obj. TB: Sich bereit erklären; Anerbieten annehmen; Verabreden **2.** Sub. TB: Vorsatz
III. RWK & IV. Schuld	Wie üblich
V. Sonstiges	**1.** Strafmilderung gem. § 30 II i.V.m. §§ 30 I S. 2, 49 I StGB **2.** Rücktritt nach § 31 I Nr. 2 bzw. Nr. 3 StGB

Definieren Sie die gem. § 30 II StGB strafbaren Handlungen!

Strafrecht AT II: Rn. 314 f.

Sich-Bereit-Erklären → Die ernstgemeinte Kundgabe der Bereitwilligkeit zur Begehung eines Verbrechens ggü. einem anderen

Erbietensannahme → Die an die anbietende Person gerichtete Erklärung, das Angebot anzunehmen, selbst wenn das Angebot nicht ernst gemeint war

Verbrechensverabredung → Vorstufe zur Mittäterschaft: Willensübereinstimmung von mind. 2 Personen, welche die in Aussicht genommene Tat als Mittäter selbst gemeinschaftl. begehen oder einen anderen gemeinschaftl. anstiften wollen

Welche sind die wichtigsten Vorschriften des StGB, die ausdrücklich besondere Rechtsfolgen für Irrtümer des Täters regeln?

Strafrecht AT I: Karteikarte 24; Strafrecht AT II: Rn. 321 ff.

Irrtümer im StGB

§ 16 I S. 1 StGB	§ 17 S. 1 StGB	§ 35 II StGB
• Irrtum auf tatsächlicher Ebene • Schließt den Vorsatz aus • Allenfalls möglich: Strafbarkeit wg. Fahrlässigkeit, § 16 I S. 2 StGB	• Irrtum auf rechtl. Wertungsebene • Straflosigkeit nur bei Unvermeidbarkeit (selten!) • Sonst: Strafmilderung gem. § 17 S. 2 StGB möglich	• Irrtum auf tatsächlicher Ebene • Straflosigkeit nur bei Unvermeidbarkeit (selten!) • Sonst: Strafmilderung gem. § 35 II S. 2 StGB zwingend

Was ist ein Tatbestandsirrtum i.S.d. § 16 I S. 1 StGB?

In welchen Konstellationen greift § 16 I S. 1 StGB?

Strafrecht AT I: Karteikarte 24; Strafrecht AT II: Rn. 321 ff.

Tatbestandsirrtum i.S.d. § 16 I S. 1 StGB

Irrtum über Tatsachen, die zum gesetzlichen TB gehören

- Irrtum über das Vorliegen deskriptiver/normativer TB-Merkmale
- Irrtum über das Handlungsobjekt (z.B. bei Verwechslung Mensch/Tier)
- Irrtum über den Kausalverlauf
- Irrtum bzgl. des Fehlgehens der Tat (aberratio ictus)
- § 16 I S.1 StGB analog: tatsächl. Voraussetzungen eines Regelbeispiels
- Irrtum über privilegierende TB-Merkmale, § 16 II StGB

Rechtsfolge grds.: Vorsatztat (-); Fahrlässigkeitstat möglich, § 16 I S. 2 StGB

Was ist ein umgekehrter Tatbestandsirrtum?

Ist § 16 I S. 1 StGB auf ihn anwendbar?

Strafrecht AT I: Karteikarte 25

Umgekehrter Tatbestandsirrtum

= Irrtum auf tatsächlicher Ebene

Objektiv sind nicht alle TB-Merkmale eines Delikts-TB erfüllt

Subjektiv bezieht sich der Vorsatz bzw. Tatentschluss auf alle obj. TB-Merkmale

Rechtsfolgen:

- Grds. strafbarer untauglicher Versuch
- § 16 I S. 1 StGB ist hier nicht anwendbar

Entfällt die Strafbarkeit wegen einer Vorsatztat gem. § 16 I S. 1 StGB bei einem error in persona vel in obiecto?

Strafrecht AT I: Karteikarte 29; Strafrecht AT II: Rn. 324 f.

Error in persona vel in obiecto

Fehlvorstellung über die *Identität* oder *sonstige Eigenschaften* des Tatobjekts bzw. der betreffenden Person

Bei **Gleichwertigkeit** von geplantem und tatsächlichem Tatobjekt

§ 16 I S. 1 StGB (-) → Strafbarkeit wg. Vorsatztat (+)

Bei **Nichtgleichwertigkeit** von geplantem und tatsächlichem Tatobjekt

- § 16 I S. 1 StGB (+) → Strafbarkeit wg. vollendeter Vorsatztat (-)
- Aber: Strafbarkeit wg. Versuchs in Tateinheit mit Fahrlässigkeit möglich

Entfällt die Strafbarkeit wegen einer Vorsatztat gem. § 16 I S. 1 StGB bei einer aberratio ictus?

Strafrecht AT I: Karteikarte 29; Strafrecht AT II: Rn. 326

Aberratio ictus (= Fehlgehen der Tat)

Das beim Ansetzen zur Tat konkret anvisierte und das tatsächlich getroffene Objekt sind nicht identisch

h.M.:

- § 16 I S. 1 StGB (+)
- Strafbarkeit lediglich wegen Versuchs und Fahrlässigkeit in Tateinheit möglich
- Anders nur, wenn der Täter bzgl. des tatsächl. getroffenen Objekts ebenfalls mit Vorsatz gehandelt hat

a.A.:

- § 16 I S. 1 StGB (-)
- Strafbarkeit wegen Vorsatztat bzgl. des tatsächlich getroffenen Objekts

Ist § 16 I S. 1 StGB bei einem Irrtum über den Kausalverlauf erfüllt?

Strafrecht AT I: Karteikarte 28; Strafrecht AT II: Rn. 327 f.

Irrtum über den Kausalverlauf der Tat

h.M.

Tatbestandsirrtum i.S.d. § 16 I S. 1 StGB nur dann (+), wenn die Abweichung zwischen vorgestelltem und wirklichem Kausalverlauf wesentlich ist

Eine Abweichung ist unwesentlich, wenn sie sich noch innerhalb der Grenzen des nach allg. Lebenserfahrung Voraussehbaren hält und keine andere Bewertung der Tat rechtfertigt

→ Greift z.T. dort, wo früher ein dolus generalis angenommen wurde

Wann wird bei Irrtümern über normative Tatbestandsmerkmale ein Tatbestandsirrtum gem. § 16 I S. 1 StGB und damit kein Verbotsirrtum nach § 17 S. 1 StGB angenommen?

↳ Strafrecht AT I: Karteikarte 27; Strafrecht AT II: Rn. 329 ff.

Irrtum über normative TB-Merkmale

Rspr.

TB-Irrtum i.S.d. § 16 I S. 1 StGB (+),

wenn der Täter den rechtl.-sozialen Bedeutungsgehalt des Tatumstands nach Laienart richtig erfasst hat (sog. **Parallelwertung in der Laiensphäre**)

a.A.

TB-Irrtum i.S.d. § 16 I S. 1 StGB (+),

wenn der Rechtsirrtum einen Verweisungsbegriff innerhalb seines Verweisungsbereichs betrifft (z.B. „Eigentum“ i.S.d. § 242 StGB)

Welche Rechtsfolgen sind bei Tatbestandsirrtümern geregelt?

↳ Strafrecht AT I: Karteikarte 26; Strafrecht AT II: Rn. 321 f.

Rechtsfolgen beim TB-Irrtum

Grds.

- §§ 15, 16 I S. 1 StGB: Keine Strafbarkeit wegen vollendeter Vorsatztat
- Möglich: Strafbarkeit wg. Versuchs (s.o.)
- § 16 I S. 2 StGB: Fahrlässigkeitsstrafbarkeit möglich

Ausnahme

Beim Irrtum über privilegierende TB-Merkmale
→ Gem. § 16 II StGB Strafbarkeit wg. der Privilegierung

Was ist ein Erlaubnistatbestandsirrtum (ETBI)?

Welche Rechtsfolgen nehmen die strenge Schuldtheorie bzw. die Lehre von den negativen TB-Merkmalen im Fall eines Erlaubnistatbestandsirrtums an?

Strafrecht AT I: Karteikarte 45; Strafrecht AT II: Rn. 333 ff.

Erlaubnistatbestandsirrtum (ETBI)

Irrtümliche Annahme eines Sachverhalts, der bei objektivem Vorliegen eine rechtfertigende Sachlage darstellen würde

Strenge Schuldtheorie

§ 16 I S. 1 StGB (-); allenfalls Anwendung des § 17 StGB

Problem: § 17 StGB gilt für Irrtümer auf Wertungsebene; ETBI hingegen ist Irrtum auf tatsächl. Ebene

Lehre von den negativen TB-Merkmalen

§ 16 I S. 1 StGB direkt anwendbar, da Rechtfertigungsgründe negative TB-Merkmale darstellen

Problem: diese Lehre widerspricht der Systematik des StGB

Wie behandelt die von der Rspr. und der h.L. vertretene eingeschränkte Schuldtheorie den Erlaubnistatbestandsirrtum?

Strafrecht AT I: Karteikarten 45, 46; Strafrecht AT II: Rn. 333 ff.

Erlaubnistatbestandsirrtum (ETB)

Eingeschränkte Schuldtheorie: **1. Variante**

§ 16 I S. 1 StGB analog

Entfallen des Vorsatzunrechts auf TB-Ebene

Eingeschränkte Schuldtheorie: **Rechtsfolgenverweisende Variante**

§ 16 I S. 2 StGB analog

- Entfallen des Vorsatz-Schuldvorwurfs auf Schuldebene (Doppelfunktion des Vorsatzes)
- Strafbarkeit wegen Fahrlässigkeit möglich, § 16 I S. 2 StGB
- i.Ü.: Teilnahme möglich

Welche Formen des Verbotsirrtums i.S.d. § 17 StGB gibt es?

Strafrecht AT I: Karteikarten 45, 46; Strafrecht AT II: Rn. 349 ff.

Formen des Verbotsirrtums i.S.d. § 17 StGB

Direkter Irrtum	Indirekter Irrtum (= Erlaubnisirrtum)
Der Täter glaubt irrtümlich, sein in tatsächlicher Hinsicht richtig erkanntes Verhalten sei generell rechtlich zulässig	Der Täter geht von einem grds. Verbotensein seines Tuns aus, glaubt aber irrtümlicherweise an das Eingreifen eines nicht bestehenden Rechtfertigungsgrundes oder zieht die Grenzen eines bestehenden Rechtfertigungsgrundes zu weit

Rechtsfolgen:
- Unvermeidbarkeit → Straflosigkeit, § 17 S. 1 StGB
- Vermeidbarkeit → Strafmilderung, § 17 S. 2 StGB

Was ist ein Wahndelikt?
Wie ist diesbezüglich die Strafbarkeit geregelt?

Strafrecht AT I: Karteikarte 47

Wahndelikt

= Umgekehrter Verbotsirrtum	= Umgekehrter Erlaubnisirrtum
Der Täter nimmt irrigerweise an, sein in tatsächlicher Hinsicht richtig erkanntes Verhalten sei generell strafbar	Der Täter hält die in tatsächlicher Hinsicht richtig erkannte und grds. strafbare Handlung für nicht von einem Erlaubnistatbestand gedeckt, obwohl dies der Fall ist

Rechtsfolge: Straflosigkeit

Erstellen Sie ein Schema für die Prüfung eines echten Unterlassungsdelikts!

↳ Strafrecht AT I: Rn. 533; Strafrecht AT II: Karteikarte 138

Prüfung eines **echten Unterlassungsdelikts** (z.B. § 323c I StGB)

I. TB

1. Obj. TB-Merkmale des jeweiligen TB

2. Zusätzliche ungeschriebene obj. TB-Merkmale

a) Tatsächliche Möglichkeit des gebotenen Tuns

b) Zumutbarkeit des gebotenen Tuns

3. Subj. TB des jeweiligen TB

a) Vorsatz

b) Sonstige subj. TB-Merkmale

II. RWK

Grds. wie üblich

III. Schuld

Grds. wie üblich; Entschuldigungsgrund der Unzumutbarkeit normgemäßen Verhaltens mögl.

Erstellen Sie ein Schema für die Prüfung eines unechten Unterlassungsdelikts nach § 13 StGB!

! Das vorsätzliche Unterlassungsdelikt

↳ Strafrecht AT I: Rn. 534; Strafrecht AT II: Karteikarte 139

I. TB

1. Obj. TB (§ 13 I StGB)

a) Eintritt des tatbestandsmäßigen Erfolgs
b) Nichtvornahme der zur Erfolgsabwendung obj. gebotenen und dem Täter möglichen Handlung
c) Hypothetische Kausalität + obj. Zurechnung
d) Garantenstellung
e) Gleichwertigkeit mit aktivem Tun

2. Subj. TB

a) Vorsatz (bei Vorsatzdelikten)
b) Sonstige subj. TB-Merkmale

II. RWK

Grds. wie üblich; rechtfertigende Pflichtenkollision mgl.

III. Schuld

Grds. wie üblich; Unzumutbarkeit normgemäßen Verhaltens mgl.

Wie ist die Abgrenzung zwischen positivem Tun und Unterlassen vorzunehmen?

↳ Strafrecht AT I: Rn. 536 ff; Strafrecht AT II: Karteikarte 140

Sofern die Abgrenzung nicht nach ihrem äußeren Erscheinungsbild eindeutig ist, ist entscheidend, wo bei normativer Betrachtung unter Berücksichtigung des sozialen Sinngehalts der **Schwerpunkt** des **strafrechtlich relevanten Handelns** liegt

Aktives Tun ⇄ **Unterlassen**

Aktives Tun: **z.B.:** Eingreifen in fremde Rettungsbemühungen durch Zwang oder Täuschung

Unterlassen: **z.B.:** Abbruch eigener Rettungsbemühungen, bevor die Rettungshandlung das Opfer erreicht und ihm eine realisierbare Rettungsmöglichkeit eröffnet hat

Welche Anforderungen sind an die zur Abwendung des Erfolgs erforderliche Rettungshandlung i.S.d. § 13 I StGB zu stellen?

↳ Strafrecht AT I: Rn. 554 ff.

Die Rettungshandlung muss obj. geboten und subj. möglich sein

(-) bei:
- Völliger Handlungsunfähigkeit
- Mangelnder räumlicher Nähe zur Gefahrensituation
- Fehlen von zur Rettung nötigen Hilfsmitteln bzw. Fehlen der zum Gebrauch nötigen Kenntnisse
- Individueller Unfähigkeit

h.M.: Anders als beim echten Unterlassungsdelikt ist beim unechten Unterlassungsdelikt die Frage der Zumutbarkeit nicht im TB, sondern erst in der Schuld zu erörtern

Was ist i.R.d. hypothetischen Kausalität beim unechten Unterlassungsdelikt gem. § 13 StGB zu prüfen?

↳ Strafrecht AT I: Rn. 560 ff.; Strafrecht AT II: Karteikarten 141, 142

Hypothetische Kausalität

(+), wenn die rechtlich geforderte Rettungshandlung nicht hinzugedacht werden kann, ohne dass der konkrete Erfolg mit an Sicherheit grenzender Wahrscheinlichkeit entfiele

Objektive Zurechnung

(+), wenn der Pflichtwidrigkeitszusammenhang gegeben ist, wenn also der konkret eingetretene Erfolg gerade auf der Pflichtwidrigkeit des Unterlassens beruht

Wenn (-) → Versuchsstrafbarkeit denkbar

Was wird unter einer Beschützergarantenpflicht verstanden?

Welche Fallgruppen fallen darunter?

↳ Strafrecht AT I: Rn. 568 ff.; Strafrecht AT II: Karteikarten 143, 144

Beschützergarantenpflicht = **Garantenpflicht i.S.d. § 13 StGB**

↓

Pflicht zum Schutz eines anvertrauten Rechtsgutes

↓

- Aus Gesetz (z.B. §§ 1626, 1353 BGB)
- Aus enger natürlicher Verbundenheit (z.B. Geschwister)
- Aus anderen Lebens- und Gefahrensgemeinschaften (z.B. Bergkameraden; h.M.: nicht-ehel. Lebensgemeinschaft; nicht: Zechkumpanen)
- Aus freiwilliger tatsächlicher Übernahme von Schutz- und Beistandspflichten (z.B. Babysitter; Bademeister; Bergführer)
- Aus Stellung als Amtsträger bzw. Organ einer juristischen Person

Was wird unter einer Überwachungsgarantenpflicht verstanden?

Welche Fallgruppen fallen darunter?

↬ Strafrecht AT I: Rn. 585 ff.; Strafrecht AT II: Karteikarten 143, 145

Überwachungsgarantenpfl. = **Garantenpflicht i.S.d. § 13 StGB**

⇩

Pflicht zur Überwachung einer bestimmten Gefahrenquelle

⇩

- Aus Verkehrssicherungspflicht (z.B. Betreiber eines AKW)
- Aus der Pflicht zur Beaufsichtigung Dritter (z.B. Lehrer, vorgesetzte Amtsträger)
- Aus Ingerenz: Vorangegangenes pflichtwidriges, d.h. rechtswidriges (h.M.), nicht notwendigerweise schuldhaftes Handeln
- Str.: Aus Beherrschbarkeit von Räumlichkeiten

In welchen Fällen ist die Entsprechungsklausel nach § 13 I a.E. StGB insbesondere von Bedeutung?

↳ Strafrecht AT I: Rn. 606 ff.; Strafrecht AT II: Karteikarte 146

Problematisch bei **verhaltensgebundenen Delikten**, die sich nicht in der Herbeiführung eines bestimmten Erfolges erschöpfen, sondern auch eine bestimmte Tathandlung voraussetzen

⇩

Entsprechungsklausel

(+), wenn das Unterlassen dem in den Handlungsmerkmalen des Begehungsdelikts vertypten Unwertgehalt gleichsteht

⇨

Bsp.: Ob die Tatmodalität des Quälens i.S.d. § 225 I StGB durch Unterlassen begangen werden kann, ist aufgrund der in dieser Begehungsmodalität angelegten verbrecherischen Intensität strittig

Wie kann sich ein Irrtum bzgl. der Garantenstellung bzw. -pflicht auswirken?

↳ Strafrecht AT I: Rn. 609; Strafrecht AT II: Karteikarte 147

Irrtum über Tatsachen	**Bewertungsirrtum**
Der Täter irrt sich über die tatsächlichen Voraussetzungen der Garantenstellung	Der Täter erkennt die Tatsachen korrekt, bewertet aber die Grenzen einer Garantenpflicht falsch
z.B.: Vater erkennt nicht, dass das ertrinkende Kind seine Tochter ist	**z.B.:** Vater erkennt, dass seine Tochter ertrinkt, glaubt aber, er habe keine Pflicht, sie zu retten
TB-Irrtum, § 16 I S. 1 StGB	**Verbotsirrtum, § 17 StGB**

Welcher besondere Entschuldigungsgrund ist gerade bei Unterlassungsdelikten denkbar?

Strafrecht AT I: Rn. 612 ff.; Strafrecht AT II: Karteikarte 148

Unzumutbarkeit normgemäßen Verhaltens

Str., aber beim Unterlassungsdelikt von der h.M. anerkannt

Voraussetzungen

Notstandsähnliche Konfliktlage, die weder von § 34 StGB noch von der rechtfertigenden Pflichtenkollision noch von § 35 StGB erfasst wird

Unrechts- und Schuldgehalt des Unterlassens wird dadurch aufgehoben, dass ein gleichwertiges Rechtsgut vor der sicheren Vernichtung bewahrt wird

Ist neben einem aktiv handelnden Täter auch eine (Neben-)Täterschaft durch Unterlassen gem. § 13 I StGB möglich?

Strafrecht AT II: Karteikarte 151

Nebentäterschaft durch Unterlassen neben aktiver Täterschaft eines Dritten möglich?

e.A.
Nebentäterschaft immer (-), allerdings Beihilfe mögl.

a.A.
Stets Nebentäterschaft (+)

Vermittelnde Ansicht
- Nebentäterschaft (+) bei Beschützergarantenpflicht
- Nebentäterschaft (-) und Beihilfe mögl. bei Überwachungsgarantenpflicht

Definieren Sie den Begriff der Fahrlässigkeit! Welche Formen der Fahrlässigkeit lassen sich unterscheiden?

Strafrecht AT I: Rn. 616 ff.; Strafrecht AT II: Karteikarte 152

Fahrlässigkeit = Nach h.M. die ungewollte Verwirklichung des gesetzlichen Tatbestandes durch eine pflichtwidrige Vernachlässigung der im Verkehr erforderlichen Sorgfalt

Wissensseite:

Bewusste Fahrlässigkeit: Der Täter hält es für möglich, dass er den TB verwirklicht, jedoch vertraut er pflichtwidrig darauf, dass dies nicht geschehen werde

Unbewusste Fahrlässigkeit: Der Täter lässt die gebotene Sorgfalt außer Acht, ohne dies zu erkennen

Graduell:

Einfache Fahrlässigkeit

Leichtfertigkeit: Der Täter verletzt die gebotene Sorgfalt in ungewöhnlich hohem Maße

In welchem Verhältnis stehen Vorsatz und Fahrlässigkeit zueinander?

Das Fahrlässigkeitsdelikt

StrafR - AT II 90

↳ Strafrecht AT I: Rn. 624; Strafrecht AT II: Karteikarte 152

Vorsatz ⟷ **Fahrlässigkeit**

Vorsatz und Fahrlässigkeit stehen zueinander in einem **aliud-Verhältnis**, d.h. sie schließen sich gegenseitig aus

Ein und dieselbe tatsächliche Handlung kann jedoch hinsichtlich eines Straftatbestandes vorsätzlich und hinsichtlich eines anderen fahrlässig begangen sein (***Bsp.:*** Fall der aberratio ictus)

Welche Normen des StGB AT finden auf Fahrlässigkeitsdelikte (keine) Anwendung?

Strafrecht AT I: Rn. 625 ff.; Strafrecht AT II: Karteikarte 152

Die Vorschriften des StGB-AT setzen i.d.R. **Vorsatz** voraus und sind daher z.T. auf das **Fahrlässigkeitsdelikt** nicht anwendbar

§ 16 I StGB	**§ 16 I S. 1 StGB nicht anwendbar:** Ein TB-Irrtum ist beim Fahrlässigkeitsdelikt nicht denkbar
§§ 22 ff. StGB	**§ 22 StGB nicht anwendbar:** § 22 StGB setzt Tatentschluss (Vorsatz) voraus
§ 13 StGB	**§ 13 StGB ist anwendbar:** Das Fahrlässigkeitsdelikt kann sowohl durch aktives Tun als auch durch Unterlassen begangen werden

Ist eine Beteiligung an einem Fahrlässigkeitsdelikt denkbar?

Strafrecht AT I: Rn. 628; Strafrecht AT II: Karteikarte 152

Mittäterschaft und Teilnahme i.S.d. §§ 25 ff. StGB beim Fahrlässigkeitsdelikt

Mittäterschaft und Teilnahme i.S.d. §§ 25 ff. StGB ist beim fahrlässigen Delikt nicht möglich	Möglich nach h.M.: Mitwirkung an einer fahrlässigen Tat in Form der Nebentäterschaft	M.M.: mittelbare Täterschaft denkbar, wenn der Täter das fahrlässige Verhalten eines anderen vorsätzlich ausnutzt

Arg.: Voraussetzung ist eine vorsätzliche Haupttat bzw. ein gemeinsamer (vorsätzlicher) Tatplan

Erstellen Sie ein Schema für die Prüfung eines Fahrlässigkeitsdelikts!

! Das Fahrlässigkeitsdelikt

↳ Strafrecht AT I: Rn. 631; Strafrecht AT II: Karteikarte 153

I. TB

1. Erfolgseintritt — a) Aktives Tun oder
   b) Unterlassen (§ 13 StGB)
2. Kausalität
3. Objektive Sorgfaltspflichtverletzung
   - Obj. Erfüllbarkeit der Sorgfaltspflicht
   - Obj. Vorhersehbarkeit des Erfolgseintritts
4. Objektive Zurechenbarkeit des Erfolges
   - Pflichtwidrigkeitszusammenhang
   - Schutzzweck der Norm

II. RWK

III. Schuld

1. Schuldfähigkeit
2. Subjektive Sorgfaltspflichtverletzung
   - Subj. Erfüllbarkeit der Sorgfaltspflicht
   - Subj. Vorhersehbarkeit
3. Ggf.: Unzumutbarkeit normgemäßen Verhaltens

Gibt es beim Fahrlässigkeitsdelikt einen subjektiven Tatbestand?

Strafrecht Basics: Karteikarte 50

Subjektiver Tatbestand

M.M.: (+)

Definiert die Fahrlässigkeit als individuelle Erkennbarkeit und prüft diese daher im subj. TB

h.M.: (-)

Auf TB-Ebene wird nicht zwischen objektivem und subjektivem TB getrennt

Wo in der Klausur ist die Frage der Sorgfaltswidrigkeit zu prüfen?

↳ Strafrecht AT I: Rn. 639 ff.; Strafrecht AT II: Karteikarten 154, 156

Objektive Sorgfaltswidrigkeit	**Subjektive Sorgfaltswidrigkeit**
(+), wenn der Täter die Sorgfalt außer Acht lässt, zu der er objektiv nach den Umständen verpflichtet ist	(+), wenn der Täter imstande ist, die Sorgfaltsanforderungen nach seinen persönlichen Fähigkeiten und seinem individuellen Können zu erfüllen
Zu prüfen im **TB**	Zu prüfen in der **Schuld**

Welche Elemente sind i.R.d. objektiven Sorgfaltspflichtverletzung zu prüfen?

Strafrecht AT I: Rn. 639 ff.; Strafrecht AT II: Karteikarte 154

Objektive Sorgfaltspflichtverletzung

1. Nichtbeachtung der im Verkehr erforderlichen Sorgfalt

Entspricht das Verhalten des Täters nicht den Anforderungen der Sorgfaltspflicht, so handelt er sorgfaltswidrig

Inhalt, Art und Maß der jeweiligen Sorgfaltspflicht müssen hier präzise ermittelt werden

2. Objektive Vorhersehbarkeit des Erfolgseintritts

(+), wenn der konkrete Erfolg und der wesentliche Kausalverlauf innerhalb des nach allg. Lebenserfahrung (noch) Wahrscheinlichen liegen

Woraus kann sich der Inhalt von Sorgfaltspflichten ergeben?

! Das Fahrlässigkeitsdelikt

↳ Strafrecht AT I: Rn. 641

Der Inhalt einer Sorgfaltspflicht kann sich ergeben aus

Speziellen Rechtsvorschriften

z.B.

- StVO
- StVG
- Betriebsordnungen
- DIN-/VDE-Normen

Verhaltensmaßregeln nach der Verkehrssitte

z.B.

- Sportregeln
- Regeln der ärztlichen Kunst
- Jagdregeln

Sonderfälle

Abwägung der Schadenswahrscheinlichkeit und Schadensintensität, falls keine Regeln existieren

Wonach bestimmen sich Art und Maß der Sorgfaltspflicht?

↳ Strafrecht AT I: Rn. 642

Art und Maß der jeweils anzuwendenden **Sorgfaltspflicht**

→ Ergeben sich nach **h.M.** aus den Anforderungen, die bei einer Betrachtung der Gefahrenlage ex ante an einen besonnenen und gewissenhaften Menschen in der konkreten Lage und der sozialen Rolle des Handelnden zu stellen sind

Das individuelle Leistungsvermögen des Täters wird grds. erst i.R.d. Schuld berücksichtigt

h.Lit.: Sonderwissen und Sonderkönnen des Täters sind grds. zu berücksichtigen

Inwiefern begrenzt die Rspr. Art und Maß einer grds. bestehenden objektiven Sorgfaltspflicht?

Strafrecht AT I: Rn. 644; Strafrecht AT II: Karteikarte 154

Begrenzung durch den **Vertrauensgrundsatz** bzw. das **erlaubte Risiko**

Wer selbst die gebotene Sorgfalt beachtet, darf seinerseits grds. darauf vertrauen, dass sich seine Mitmenschen ebenfalls sorgfaltsgerecht verhalten	Erlaubt sind gefährliche Handlungen, die wegen ihrer Notwendigkeit für die Aufrechterhaltung des sozialen Lebens und Verkehrs unerlässlich sind (Ausdruck der **sozialen Adäquanz**)

z.B.: Benutzung eines Kfz: der Verkehrsteilnehmer darf grds. darauf vertrauen, dass die anderen sich ebenso an die Verkehrsregeln halten wie er selbst (Ausnahmen möglich)

Wann ist der Erfolg objektiv zurechenbar im Sinne eines Fahrlässigkeitsdelikts?

↳ Strafrecht AT I: Rn. 647 ff.; Strafrecht AT II: Karteikarte 155

Objektive Zurechnung → im konkreten Erfolg muss sich gerade die Pflichtwidrigkeit des Täterverhaltens verwirklicht haben

Pflichtwidrigkeitszusammenhang

Ist dann nicht gegeben, wenn der tatbestandliche Erfolg auch bei sorgfaltsgerechtem Verhalten unvermeidbar war

+

Schutzzweckzusammenhang

Der eingetretene Erfolg muss gerade auf der Verwirklichung von Gefahren beruhen, die nach dem Schutzzweck der verletzten Norm verhütet werden sollten

Welche Ansichten werden zu den Anforderungen an die Unvermeidbarkeit i.R.d. Pflichtwidrigkeitszusammenhangs vertreten?

Strafrecht AT I: Rn. 651 ff.; Strafrecht AT II: Karteikarte 155

Pflichtwidrigkeitszusammenhang

herrschende Meinung

Unvermeidbarkeit (+), wenn die ernsthafte Möglichkeit besteht, dass der Erfolg auch bei sorgfaltsgemäßen Verhalten eingetreten wäre

Risikoerhöhungslehre

obj. Zurechnung schon dann (+), wenn die Wahrscheinlichkeit des Erfolgseintritts bei sorgfaltsgerechtem Verhalten geringer gewesen wäre

Problem: Verstoß gegen Grundsatz „in dubio pro reo" liegt nahe

In welchen Fallgruppen wird ein Entfallen der objektiven Zurechnung diskutiert?

↳ Strafrecht AT I: Rn. 660 ff.

Fallgruppen der objektiven Zurechnung

Freiverantwortliche Selbstgefährdung	Rechtmäßiges Alternativverhalten	Verhalten Dritter („Reserveursache")
i.d.R. obj. Zurechnung (-): derjenige, der seine Rechtsgüter in freiverantwortlicher Weise selbst gefährdet, trägt auch die alleinige Verantwortung dafür	obj. Zurechnung (-), wenn Erfolg auch bei sorgfaltsgerechtem Verhalten eingetreten wäre (→ fehlender Pflichtwidrigkeitszusammenhang)	i.d.R. obj. Zurechnung (+): Zusammenhang zwischen tatsächlich eingetretenem konkreten Erfolg und Sorgfaltspflichtverletzung bleibt grds. bestehen

Was ist i.R.v. Rechtfertigungsgründen bei Fahrlässigkeitsdelikten zu beachten?

Strafrecht AT I: Rn. 674

Umstritten ist, ob beim fahrlässigen Delikt im Fall der Rechtfertigung ein **subjektives Rechtfertigungselement** zu fordern ist

h.M.: Subj. Rechtfertigungselement nicht erforderlich

Durch die rechtfertigende Situation entfällt das **Erfolgsunrecht**. Das **Handlungsunrecht** wiederum ist bei Fahrlässigkeitsdelikten im Gegensatz zu den Erfolgsdelikten (in Form des Versuchs) nicht strafbar
→ Straflosigkeit

Bei schlichten **Tätigkeitsdelikten** → der Täter muss zum Zwecke der Ausübung der ihm durch den Rechtfertigungsgrund eingeräumten Befugnis handeln

Wann ist die Vorhersehbarkeit des Erfolgseintritts gegeben?

Strafrecht AT I: Rn. 677; Strafrecht AT II: Karteikarte 156

Objektive Vorhersehbarkeit (Teil des TB)	**Subjektive Vorhersehbarkeit** (Teil der Schuld)
(+), wenn der Erfolg für einen einsichtigen und besonnenen Menschen in der Lage des Täters in der jeweiligen Tatsituation innerhalb der allg. Lebenserfahrung liegt (Adäquanz)	(+), wenn der Täter nach seinen persönlichen Fähigkeiten und dem Maß seines individuellen Könnens imstande war, die obj. Sorgfaltspflichtverletzung zu erkennen

Unter welchen Voraussetzungen fehlt die subjektive Sorgfaltswidrigkeit bzw. die subjektive Vorhersehbarkeit der Tatbestandserfüllung?

↳ Strafrecht AT II: Karteikarte 156

Grds.: Obj. Sorgfaltswidrigkeit und obj. Vorhersehbarkeit haben **Indizwirkung** für das Vorliegen der subj. Sorgfaltswidrigkeit und subj. Vorhersehbarkeit

↓

Ausnahmsweise kann es an der subj. Sorgfaltswidrigkeit oder subj. Vorhersehbarkeit fehlen

⇓

z.B.: Bei körperlichen Mängeln, Wissens- und Erfahrungslücken, Schreck, Verwirrung (selten hinreichend feststellbar)

Welcher Entschuldigungsgrund wird v.a. bei Fahrlässigkeitsdelikten zusätzlich diskutiert?

↳ Strafrecht AT I: Rn. 678; Strafrecht AT II: Karteikarte 157

Unzumutbarkeit normgemäßen Verhaltens

Ebenso wie bei Unterlassungsdelikten und anders als bei vorsätzlichen Begehungsdelikten erkennt die h.M. beim Fahrlässigkeitsdelikt die Existenz dieses Entschuldigungsgrunds an

Ob ein normgerechtes Verhalten zugemutet werden kann, hängt von der beim Täter gegebenen Interessenlage und der Schwere der drohenden Rechtsgutsverletzung ab

Je schwerwiegender die Gefahr ist, desto mehr ist es dem möglichen Täter zumutbar, eigene Interessen preiszugeben

Welche Delikte werden als Vorsatz-Fahrlässigkeits-Kombinationen (VFK) bezeichnet?

Welche Unterscheidung ist dabei zu treffen?

Vorsatz-Fahrlässigkeits-Kombination

↳ Strafrecht AT I: Rn. 679 ff.

Vorsatz bzgl. Tathandlung + **Fahrlässigkeit bzgl. Erfolg**

Arten

Eigentliche VFK

Der Vorsatzteil des Tatbestandes ist für sich allein nicht strafbar

z.B.: §§ 315d IV, 315b IV, 315c III Nr. 1 StGB

Uneigentliche VFK

Knüpfen an die vorsätzl. Verwirklichung eines selbstständig mit Strafe bedrohten Grunddelikts an → erfolgsqualifizierte Delikte i.S.d. § 18 StGB

z.B.: §§ 221 III, 227, 251 StGB

Welche Unterscheidung nach Deliktstypen kann i.R.d. uneigentlichen Vorsatz-Fahrlässigkeits-Kombinationen getroffen werden?

Vorsatz-Fahrlässigkeits-Kombination

Strafrecht AT I: Rn. 684, 685

Delikte, bei denen die schwere Folge einfach fahrlässig herbeigeführt werden muss

⟷

Delikte, bei denen die schwere Folge (mindestens) leichtfertig herbeigeführt werden muss

Leichtfertigkeit = Gesteigerte, erfolgsrelevante Sorgfaltspflichtverletzung, d.h. ein erhöhter Grad an Fahrlässigkeit (≈ grobe Fahrlässigkeit im Zivilrecht)

h.M.: Der die erfolgsqualifizierten Delikte regelnde § 18 StGB ist auch auf Delikte anwendbar, die (wenigstens) Leichtfertigkeit verlangen

Welche Bedeutung hat § 11 II StGB bei einer Vorsatz-Fahrlässigkeits-Kombination?

↳ Strafrecht AT I: Rn. 682

In **§ 11 II StGB** bestimmt das Gesetz, dass die Mischtatbestände als Vorsatzdelikte gelten

Dies bedeutet v.a.

Teilnahme gem. §§ 25 - 27 StGB möglich

Versuch gem. §§ 22 - 24 StGB möglich

Erstellen Sie ein Prüfungsschema für ein erfolgsqualifiziertes Delikt!

Strafrecht AT I: Rn. 686

I. TB →

1. Objektiver Tatbestand des Grunddelikts
2. Subjektiver Tatbestand des Grunddelikts
3. Tatbestand der Erfolgsqualifikation
   a) Eintritt des qualifizierenden Erfolgs
   b) Kausalität zw. Handlung und Erfolg
   c) Fahrlässigkeit/Leichtfertigkeit: Sorgfaltspflichtverletzung + obj. Vorhersehbarkeit
   d) Tatbestandsspezifischer Gefahrzusammenhang zwischen Grunddelikt und schwerer Folge
4. Ggfs. objektive Bedingungen der Strafbarkeit

Fortsetzung zur vorigen Karteikarte.

↳ Strafrecht AT I: Rn. 686

II. RWK → Grds. keine Besonderheiten

III. Schuld →

1. Schuldfähigkeit
2. Schuldform

   Fahrlässigkeit bzw. Leichtfertigkeit bzgl. schwerer Folge

3. Unrechtsbewusstsein
4. Spezielle Schuldmerkmale
5. Fehlen von Entschuldigungsgründen

Welcher besondere Zusammenhang wird von der h.M. zwischen dem Grunddelikt und der schweren Folge im Tatbestand eines erfolgsqualifizierten Delikts gefordert?

Strafrecht AT I: Rn. 688 ff.

Tatbestandsspezifischer **Gefahrzusammenhang** bzw. **Unmittelbarkeitserfordernis**

Gerade die Gefährlichkeit des Grunddelikts und nicht eine andere Gefahr muss Ursache der schweren Folge gewesen sein

Rückgriff auf die i.R.d. normalen Vorsatzdelikts anwendbaren Kriterien der **objektiven Zurechnung** möglich

- Schaffung einer rechtl. missbilligten Gefahr durch die Verwirklichung des Grunddelikts
- Verwirklichung gerade der geschaffenen Gefahr in der konkreten schweren Folge

Ist der Unmittelbarkeitszusammenhang schon deshalb zu verneinen, weil der Erfolg des Grunddelikts nicht eingetreten ist, mithin das Grunddelikt im Stadium des Versuchs steckengeblieben ist?

↳ Strafrecht AT I: Rn. 695 ff.

Hängt vom konkret zu prüfenden TB ab

Handlungsgefährlichkeit	**Erfolgsgefährlichkeit**
Wenn die schwere Folge (auch) an die Gefährlichkeit der Tathandlung des Grunddelikts anknüpft	Wenn die schwere Folge gerade an die Gefährlichkeit des Taterfolgs des Grunddelikts anknüpft
Erfolgsqualifizierter Versuch ist möglich	Erfolgsqualifizierter Versuch ist nicht möglich
***Bsp.:** §§ 251, 306c StGB*	*Bei § 227 StGB str.*

Erstellen Sie ein Schema für die Prüfung der Konkurrenzverhältnisse!

↳ Strafrecht AT II: Rn. 302 ff.; Karteikarte 158

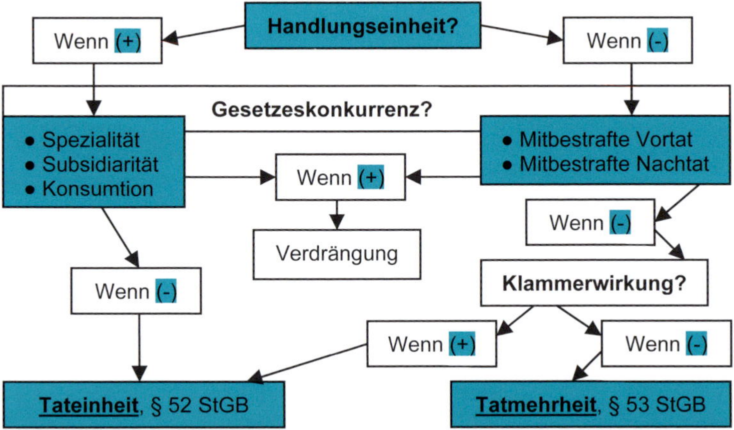

In welchen Fallgruppen ist von Handlungseinheit auszugehen?
Was ist eine Handlung im natürlichen Sinne?

Strafrecht AT II: Rn. 305 ff.; Karteikarten 158 ff.

Handlungseinheit

Handlung im <u>natürlichen</u> Sinne

(+), wenn durch einen Willensentschluss eine Körperbewegung hervorgerufen wird, unabhängig davon, ob diese Handlung mehrere Taterfolge verursacht

+

Handlung im <u>rechtlichen</u> Sinne

- Natürliche Handlungseinheit
- Tatbestandliche Handlungseinheit
- Teilidentität der Tatausführung
- Früher: Fortgesetzte Tat

Was versteht man unter einer natürlichen Handlungseinheit?

Strafrecht AT II: Rn. 306 ff.; Karteikarte 160

Nat. Handlungseinheit

Iterative Tatbegehung

Vornahme mehrerer Einzelakte aufgrund eines einheitlichen Willensentschlusses, die jeder für sich genommen den TB des verletzten Gesetzes verwirklichen, die aber trotzdem nur einen einheitl. Erfolg herbeiführen

Sukzessive Tatbegehung

Schrittweise Verwirklichung eines Straf-TB

Inwiefern hat die Rspr. den Begriff der natürlichen Handlungseinheit erweitert?

Strafrecht AT II: Rn. 308; Karteikarte 160

Erweiterung durch die Rspr.

Nat. Handlungseinheit (+), wenn mehrere Verhaltensweisen derart von einem einheitlichen Willen getragen werden und aufgrund ihres räuml.-zeitl. Zusammenhangs derart eng miteinander verbunden sind, dass das gesamte Tätigwerden objektiv für einen Dritten bei natürl. Betrachtungsweise als ein einheitl., zusammengehöriges Tun erscheint

Einheitlicher Wille + **Räumlich-zeitlicher Zusammenhang**

Was ist eine tatbestandliche Handlungseinheit?

↳ Strafrecht AT II: Rn. 309 ff.; Karteikarte 161

Tatbestandliche Handlungseinheit

(+), wenn mehrere natürliche Handlungen durch den TB eines Gesetzes zu einer Bewertungseinheit verknüpft werden

- Der TB erfordert bzw. lässt mehrere Einzelakte zu → ***Bsp.:*** *§ 249 StGB: Nötigung + Wegnahme + Finalität erforderlich*
- Dauerdelikte → ***Bsp.:*** *§ 316 StGB: langandauern-des Fahren im fahruntüchtigen Zustand*
- **Str.:** Wenn neben dem obj. Akt ein weiterer Akt lediglich subjektiv vorausgesetzt ist

Was versteht man unter einer fortgesetzten Tat? Wie ist sie im Lichte der Konkurrenzlehre zu bewerten?

Strafrecht AT II: Rn. 313 ff.; Karteikarte 162

Fortgesetzte Tat

Mehrere Einzelakte einer Handlungsreihe richten sich gg. das gleiche Rechtsgut, sind in der Begehungsweise gleichartig, erfüllen denselben TB und sind von einem Gesamtvorsatz getragen

Rspr. früher

Fortgesetzte Tat = Handlungseinheit im materiell-rechtl. Sinne (i.Ü.: Tat im prozessualen Sinne, § 264 StPO)

Rspr. heute

Die Rechtsfigur der fortgesetzten Tat kann grds. keine Anwendung finden → grds. ist von Handlungsmehrheit auszugehen

Wann ist von Handlungseinheit aufgrund von Teilidentität der Ausführungshandlung auszugehen?

Strafrecht AT II: Rn. 325

Teilidentität der **Ausführungshandlung** → Handlungseinheit

Ein Teilakt der tatbestandlichen Handlung des einen Delikts überlappt sich mit der tatbestandlichen Handlung eines anderen Delikts

Nicht ausreichend

Einheitlichkeit von Vorbereitungshandlungen

Ausreichend

Einheitlichkeit von Ausführungshandlungen eines Dauer- und eines anderen Delikts

Nicht ausreichend

Begehung eines Delikts lediglich bei Gelegenheit eines Dauerdelikts

Was bedeutet Gesetzeskonkurrenz?

Welche Fallgruppen der Gesetzeskonkurrenz gibt es?

↳ Strafrecht AT II: Rn. 359 ff.; Karteikarten 163, 168

Gesetzeskonkurrenz (auch: Gesetzeseinheit)

Einer von mehreren verwirklichten Straftatbeständen verdrängt den bzw. die anderen insoweit, als die verdrängte Norm im Urteilsspruch nicht mehr erwähnt wird

Fälle der Gesetzeskonkurrenz bei Handlungseinheit

- Spezialität
- Subsidiarität
- Konsumtion

Fälle der Gesetzeskonkurrenz bei Handlungsmehrheit

- Mitbestrafte Vortat
- Mitbestrafte Nachtat

Was bedeutet Spezialität i.S.d. Konkurrenzenlehre?

Strafrecht AT II: Rn. 389; Karteikarten 163, 164, 166

Spezialität

Eine Strafvorschrift enthält begriffsnotwendig alle Merkmale einer anderen, so dass die Erfüllung des spezielleren TBs zwangsläufig auch den in Betracht kommenden allg. TB verwirklicht

Bsp.:

- Qualifikation bzw. Privilegierung und Grunddelikt (**z.B.** § 224 zu § 223 StGB)
- Erfolgsqualifikation und betr. Fahrlässigkeitsdelikt (**z.B.** § 227 zu § 222 StGB; nicht: § 251 zu § 212 StGB)
- Mögl. zwischen selbständigen TB´en (**z.B.** § 249 zu § 242 StGB)

Wann ist i.R.d. Konkurrenzen von Subsidiarität auszugehen?

Strafrecht AT II: Rn. 391; Karteikarten 163, 164, 166

Subsidiarität

Eine Strafvorschrift ist nur hilfsweise anwendbar für den Fall, dass nicht schon eine andere Vorschrift Anwendung findet

Formelle, d.h. gesetzl. angeordnete Subsidiarität

Bsp.: §§ 145d, 246 I, 248b I, 265 I, 316 I StGB

Materielle Subsidiarität

Bsp.:

- Versuch zur Vollendung
- Konkretes Gefährdungsdelikt zum Erfolgsdelikt
- Abstraktes zum konkreten Gefährdungsdelikt

Was bedeutet Konsumtion i.R.d. Konkurrenzen?

Strafrecht AT II: Rn. 392; Karteikarten 163, 165, 166

Konsumtion

Ein StrafTB ist zwar nicht notwendigerweise in einem anderen enthalten, aber die Tat trifft typischerweise mit der Begehung einer anderen zusammen

Bsp.:

Der Raub (§§ 249 ff. StGB) verdrängt die Vorschriften des Diebstahls (§§ 242 ff. StGB)

Welche Rechtsfolge greift, wenn im Fall der Handlungseinheit keine Gesetzeskonkurrenz vorliegt?

Strafrecht AT II: Karteikarten 165, 167

Wenn bei Handlungseinheit kein Fall der Gesetzeskonkurrenz vorliegt, gilt…

Idealkonkurrenz bzw. **Tateinheit**

Im Urteilsspruch werden die idealkonkurrierenden Delikte sämtlich genannt, um das begangene Unrecht vollständig zum Ausdruck zu bringen
(Klarstellungsfunktion des Urteilstenors)

Die Strafzumessung erfolgt nach
§ 52 StGB

Wann liegt Gesetzeskonkurrenz in Form der mitbestraften Vor- bzw. Nachtat vor?

Strafrecht AT II: Rn. 393 f.; Karteikarte 168

Mitbestrafte Vor- bzw. Nachtat

Eine mitbestrafte Vor- bzw. Nachtat liegt dann vor, wenn die Verwirklichung eines StrafTB den Unrechts- oder Schuldgehalt einer vorausgegangenen selbständigen Handlung oder einer nachfolgenden Verwertungshandlung mit einschließt

Straflose Vortat

Bsp.: Selbständig strafbare Vorbereitungshandlungen zur späteren Tat, z.B. § 30 II StGB

Straflose Nachtat

Bsp.: nachfolgende Verwertungs- oder Sicherungstat bei Vermögensdelikten, sofern durch die Nachtat kein anderer Vermögenswert verletzt wird

In welchem Fall kann trotz Handlungsmehrheit eine Idealkonkurrenz bzw. Tateinheit bejaht werden?

Strafrecht AT II: Rn. 400 ff.; Karteikarte 169

Ausnahmsweise kann bei Handlungsmehrheit im Wege der **Verklammerung** Tateinheit hergestellt werden

Voraussetzungen

(1) Zwei selbständige Handlungen müssen jeweils mit einer dritten Handlung in Idealkonkurrenz (nicht lediglich Handlungseinheit) stehen

(2) • **Lit.:** zw. den selbständigen Delikten und dem Klammerdelikt muss Wertegleichheit bestehen bzw. das Klammerdelikt muss am schwersten wiegen

• **BGH:** Klammerwirkung möglich, wenn nur eines der zu verklammerden Delikte schwerer wiegt als das „Klammerdelikt“

Welche Fallgruppen lassen sich unter Berücksichtigung der Wahlfeststellung nach den Urteilsergebnissen unterscheiden, wenn der Nachweis einer bestimmten Tat nicht erbracht werden kann?

Strafrecht AT II: Rn. 409; Karteikarte 170

Fallgruppen nach den Urteilsergebnissen

Echte Wahlfeststellung →	Alternative Verurteilung auf mehrdeutiger Tatsachengrundlage
Unechte Wahlfeststellung →	Eindeutige Verurteilung auf mehrdeutiger Tatsachengrundlage
In dubio pro reo + Schuldspruch →	Eindeutige Verurteilung auf eindeutiger Tatsachengrundlage
In dubio pro reo + Freispruch →	Freispruch aufgrund wechselseitiger Anwendung von in dubio pro reo

Wie ist bei einem nicht eindeutig aufklärbaren Sachverhalt vorzugehen, wenn die Strafbarkeit zu prüfen ist?

Wahlfeststellung

↳ Strafrecht AT II: Rn. 410 ff.; Karteikarte 171

1. **Sachverhaltsaufklärung**: Ausschöpfen aller Beweismöglichkeiten

2. **Feststellung der Strafbarkeiten** je nach Sachverhaltsalternative

3. **Vergleich der Strafbarkeiten**

   a) Wenn in einer Alternative Straflosigkeit: i.d.p.r. (Freispruch)
   b) Wenn nach allen Alternativen Strafbarkeit nach denselben Straftatbeständen: unechte Wahlfeststellung (Sachverhaltsalternativität)
   c) Wenn unterschiedl. Strafbarkeit in den verschiedenen Alternativen:

   - bei Stufenverhältn., AuffangTB, Postpendenz: eindeutige Verurteilung
   - wenn kein Fall der eindeutigen Verurteilung möglich ist: echte Wahlfeststellung (TB-Alternativität; str.)
   - wenn keine echte Wahlfeststellung möglich ist: wechselseitige Anwendung des Grundsatzes in dubio pro reo (i.d.p.r.)

Unechte Wahlfeststellung

Was bedeutet unechte Wahlfeststellung?

↳ Strafrecht AT II: Rn. 415; Karteikarte 172

Unechte Wahlfeststellung (Tatsachenalternativität)

Es ist nicht eindeutig feststellbar, welchen von mehreren möglichen Sachverhalten der Täter erfüllt hat, allerdings hat der Täter sich nach allen möglichen Sachverhalten nach denselben Straftatbeständen strafbar gemacht

Sachverhaltsungewissheit **(+)** ⇔ Rechtsnormungewissheit

⇓

Eindeutige Verurteilung möglich

Stufenverhältnis, AuffangTB, Postpendenz

In welchen Fällen ist trotz unterschiedlicher Strafbarkeiten in den verschiedenen Alternativen eine eindeutige Verurteilung möglich?

Wahlfeststellung

↳ Strafrecht AT II: Rn. 418 ff.; Karteikarte 173

Stufen-verhältnis	Wenn die StrafTB´e der verschied. Varianten in einem Stufenverh. des „Mehr oder Weniger" zueinander stehen → i.d.p.r.: Verurteilung aus dem weniger schweren Delikt

Bsp.: *Versuch und Vollendung*

Auffang-TB	Wenn das eine Delikt einen AuffangTB des anderen darstellt → (i.d.p.r.) Verurteilung aus dem AuffangTB

Bsp. nach der Rspr.: *Vorsatz- und Fahrlässigkeitsdelikt*

Post-pendenz	Wenn bei im Verhältnis von Vor- und Nachtat stehenden Delikten das Nachtatgeschehen nachweisbar ist und nur von der fehlenden Beteiligung an der (möglichen) Vortat abhängig ist → Verurteilung aus der Nachtat

Bsp.: *Bei § 242 StGB und § 259 StGB möglich*

Unter welchen Voraussetzungen kann eine echte Wahlfeststellung angenommen werden?

↳ Strafrecht AT II: Rn. 426 ff.; Karteikarte 174

Voraussetzungen der echten Wahlfeststellung (h.M.)

Rechtsethische Vergleichbarkeit bzw. Gleichwertigkeit der Taten	Psychologische Vergleichbarkeit bzw. Gleichwertigkeit der Taten
Verletzung derselben bzw. ähnlicher Rechtsgüter	Ähnliche Einstellung des Täters zu den Rechtsgütern bzw. ähnliche Motivation

- (+) **z.B.:** bei Diebstahl und Hehlerei

Der **Gr. Senat des BGH** hat entschieden, dass die Rechtsfigur verfassungskonform ist und nicht gegen Art. 103 II GG verstößt (von BVerfG bestätigt)

Echte Wahlfeststellung

Welche Rechtsfolge zieht es nach sich, wenn die Voraussetzungen der echten Wahlfeststellung (nicht) gegeben sind?

Strafrecht AT II: Rn. 426 ff.; Karteikarte 174

Voraussetzungen der echten Wahlfeststellung (+)

↓

Strafbarkeit (+)

Aufgrund wahldeutiger Tatsachengrundlage (TB-Alternativität)

Voraussetzungen der echten Wahlfeststellung (-)

↓

Anwendung von i.d.p.r.

Strafbarkeit nur nach „milderer Stufe“ (über unechte Wahlfeststellung) denkbar; sonst keine Strafbarkeit

Verstehen:

Bevor Sie beginnen, schaffen Sie sich eine geeignete Lernatmosphäre (Mood: Einstimmen). Lesen Sie die Karteikarte immer dahingehend, dass Sie sie auch verstehen. „Kartenfresserei" rentiert sich nicht. Wachstum auch im Jurastudium heißt Auseinandersetzung mit Problemfeldern. So lernt nur derjenige bzw. diejenige richtig, der bzw. die Gehörtes oder Gelesenes verstanden hat. Schaffen Sie sich Verständnis, indem Sie zunächst das Problem definieren (Problem erkannt, Gefahr gebannt). Fragen Sie sich auch, was der Grund für eine Regelung ist.
Machen Sie sich bewusst, dass das Kurzzeitgedächtnis nur 7-9 Sinneseinheiten abspeichert. Über die Strukturierung der Karteikarte gelingt es Ihnen, mehr abzuspeichern.

✔ **Sie haben sich jetzt bemüht, den gelesenen Stoff zu verstehen, und damit den ersten wesentlichen Schritt des Lernens gemeistert. Sortieren Sie jetzt die Karteikarte unter „2. Wiederholen" ein.**

Gefahr Vergessen: In der Regel wird bis zu 70 % des Gelernten innerhalb von 24 Stunden wieder vergessen. Daher ist es wichtig, das Gelernte auf Stufe 2 am nächsten Tag zu wiederholen, bevor Sie sich neue Karteikarten vornehmen.

Erstes Wiederholen:
Das Wiedererinnern des Lernstoffs am nächsten Tag vertieft die Gedächtnisspur. Finden Sie heraus, wie viel Sie behalten haben. Überlegen Sie sich, in welchem Zusammenhang die Hauptpunkte zueinander stehen. Über die Fragen kontrollieren Sie, ob Sie den Lernstoff verstanden und behalten haben. So setzen Sie sich aktiv mit dem jeweiligen Themenkreis auseinander. Es bleibt immer mehr hängen.

Haben Sie sich an das Gelernte umfänglich erinnert?

✔ **Der Stoff ist nun einen Schritt näher auf dem Weg zum Langzeitgedächtnis. Bestimmte Problemkreise haben Sie nun abgespeichert. Es darf daher Stufe 3 übersprungen werden.**
Sortieren Sie die Karteikarte unter „4. fundiertes Wissen“ ein.

✗ **Haben Sie sich nur teilweise oder gar nicht an das Gelernte erinnert, so muss der Lernstoff noch mal vertieft werden. Bleiben Sie am Ball: Es gilt am nächsten Tag Stufe 3.**
Sortieren Sie die Karteikarte unter „3. kleine Strafrunde“ ein.

Zweites Wiederholen („kleine Strafrunde“):
Beschäftigen Sie sich am Tag nach Stufe 2 mit dem „unvollständig Gelernten“. In der Klausur wäre der Stoff noch nicht abrufbar. Machen Sie sich bewusst, warum der Problemkreis nicht beherrscht wird. Lesen Sie gezielt noch mal in unseren Produkten nach und schaffen Sie sich hierdurch die Basis zum Verstehen.
Machen Sie sich kurze Notizen und Verweise.

✔ **Nach der zweiten Wiederholung wird die Karteikarte zurück auf Stufe 2 einsortiert und unterliegt dort am nächsten Tag nochmals einer Kontrolle. Durch diese Lernmethode widmen Sie den Problemkreisen, die Sie nicht auf Anhieb verstehen, von Anfang an mehr Zeit.**

So kommen Sie über den „Umweg“ Stufe 3 wieder zu Stufe 2 und anschließend zu Stufe 4.

Fundiertes Wissen:
Die schon vorhandene Gedächtnisspur wird durch eine weitere Wiederholung vertieft. Wir empfehlen nach einer Woche eine Wiederholung der hier einsortierten Karteikarten. So retten Sie das Gelernte in das Langzeitgedächtnis. Das Wiederholen geht jetzt schon viel schneller. Stichwortartig memorieren Sie die Hauptpunkte der Lösung.

Haben Sie sich an das Gelernte umfänglich erinnert?

✔ **Die Karteikarte darf vorrücken zu „5. Langzeitgedächtnis“.**

✗ **Die Karteikarte wird noch nicht so sicher und schnell beherrscht wie gewünscht.**
Belassen Sie die Karte in Stufe 4 und wiederholen Sie sie in einer Woche nochmal.

Langzeitgedächtnis:
Wiederholen Sie auf dieser Stufe das Gelernte im Schnelldurchlauf nochmals nach **einem Monat**. Sie können jetzt an einem Tag ein ganzes Rechtsgebiet wiederholen.

✔ **Konnten Sie auf die Frage schnell und im Wesentlichen antworten: Die Karteikarte bleibt auf dieser Stufe.**

✗ **Merken Sie beim stichwortartigen Memorieren der Karteikarte, dass Sie zu lange überlegen müssen, um das Gelernte wieder herzuleiten, so sortieren Sie diese Karteikarte nochmals auf Stufe 4 ein.**

An alles erinnert? Sie können mit sich zufrieden sein.
Der Lernstoff ist nun im Langzeitgedächtnis und Sie haben erfolgreich gegen das Vergessen angekämpft. Das Gelernte können Sie nun bei der Fallbearbeitung jederzeit abrufen.

In welche drei Gruppen lassen sich die Vermögensdelikte im Hinblick auf das geschützte Rechtsgut einteilen?

StrafR BT I: Karteikarte 1

Vermögensdelikte

Straftaten gg. das Eigentum

z.B.: §§ 303 ff.; §§ 242 ff.; § 246; §§ 249-252

Straftaten gg. sonstige Vermögenswerte

z.B.: § 248b; §§ 283 ff.; § 288; § 289; §§ 292 f.

Straftaten gg. das Vermögen als Ganzes

z.B.: § 253; § 263; § 263a; § 265a; § 266

Stellt das StGB den Fall fahrlässiger Sachbeschädigung unter Strafe?

↳ StrafR BT I: Rn. 94

Strafbarkeit der fahrlässigen Sachbeschädigung möglich?

Grds.: Die fahrlässige Begehung des § 303 ist **nicht** strafbar; der subj. Tatbestand der Vorschrift setzt **Vorsatz** voraus, § 15

↓

Aber: § 306 I ist ein Spezialtatbestand der *Sachbeschädigung*, fahrlässige Begehung ist nach **§ 306d I** strafbar → §§ 306d I, 306 I regelt einen (Ausnahme-)Fall strafbarer fahrlässiger Sachbeschädigung

→ **„Fangfrage“ im mündlichen Examen**

Welche Tatbestandsmerkmale sind bei der einfachen Sachbeschädigung nach § 303 StGB zu prüfen?

Einfache Sachbeschädigung, § 303 StGB

(1)	**Obj. TB**		
	(a)	Sache	vgl. KK Nr. 4
	(b)	fremd	= im (Mit-)Eigentum eines **anderen** als des **Täters** stehend
	(c)	Beschädigen oder Zerstören	vgl. § 303 I
	(d)	Erscheinungsbild verändern	vgl. § 303 II
(2)	**Subj. TB, Vorsatz, § 15**		

Handelt es sich bei folgenden Gegenständen um eigentumsfähige Sachen i.S.d. § 303 StGB?

- Tiere
- Brillen
- Herzschrittmacher

↳ StrafR BT I: Rn. 2

Tiere

Eigenständiger Sachbegriff des StGB, § 90a BGB spielt *keine* Rolle! Tiere *sind* Sachen i.S.d. StGB, vgl. auch § 324a I Nr. 1 ("oder andere *Sachen*")

Keine eigentums-fähigen Sachen...

...sind Bestandteile des lebenden menschl. Körpers sowie **fest** eingefügte künstl. Teile
→ Brille: eigentumsfähige Sache (+)
→ Herzschrittmacher: eigentumsfähige Sache (-), solange feste Verbindung mit Körper

Wann liegt ein Beschädigen bzw. Zerstören einer Sache i.S.d. § 303 I StGB vor?

↳ StrafR BT I: Karteikarte 2

Zerstören / Beschädigen

Unmittelbare Einwirkung auf die Sache, durch welche die bestimmungsgemäße Brauchbarkeit

- vollständig **aufgehoben** (**Zerstörung**) bzw.
- wesentlich **gemindert** (**Beschädigung**) wird

Handelt es sich um eine Sachbeschädigung, wenn

- die Luft aus einem Fahrradreifen abgelassen wird
- eine Taschenuhr sorgfältig in ihre 150 Einzelteile zerlegt wird?

↳ StrafR BT I: Karteikarte 97

In beiden Fällen liegt eine wesentliche Minderung der bestimmungsgemäßen Gebrauchstauglichkeit durch unmittelbare Einwirkung vor; die Sachbeschädigung setzt **nicht zwingend** eine **Substanzverletzung** voraus (**a.A.:** die heute nicht mehr vertretene „Substanzverletzungstheorie" des Reichsgerichts)

↓

Aber: Bei bloßer Beeinträchtigung der bestimmungsgemäßen Brauchbarkeit ohne Substanzverletzung muss hinzukommen, dass die **Wiederherstellung** derselben einen **nicht unerheblichen Aufwand** erfordert

↓

Wiederaufpumpen des Reifens
= regelm. kein erhebl. Aufwand
→ **Sachbeschädigung (-)**

↓

Zusammenbau der Uhr
= regelm. erhebl. Aufwand
→ **Sachbeschädigung (+)**

Ist im Beschmieren einer Wand mit Farbe eine Sachbeschädigung zu sehen?

↬ StrafR BT I: Karteikarte 3

Beschmieren mit Farbe = Sachbeschädigung?

Strafbar nach **§ 303 I**, wenn

⇨ Substanzverletzung bei Entfernung

oder

⇨ Gebrauchsmöglichkeit erheblich beeinträchtigt

hilfsweise:

Strafbar nach **§ 303 II**, wenn Veränderung des Erscheinungsbildes

⇨ nicht nur unerheblich

und

⇨ nicht nur vorübergehend

Verdrängt § 303b I Nr. 2 StGB den § 303 I StGB im Wege der Spezialität (Gesetzeseinheit)?

StrafR BT I: Karteikarte 4

Verhältnis zw. § 303b I Nr. 2 und § 303 I:

Konkurrenzverhältnis der **Spezialität** (Unterfall der Gesetzeseinheit) nur anzunehmen, wenn in einem Delikt *notwendigerweise* auch die Verwirklichung des anderen Deliktes enthalten ist.

Verwirklichung des § 303b I Nr. 2 stellt allerdings **nicht zwingend** auch eine einfache Sachbeschädigung i.S.d. § 303 I dar, da eine Sabotagehandlung auch an *eigenen* Sachen des Täters begangen werden kann.

→ Spezialität (-), grds. Tateinheit, § 52

Wie ist die Prüfung des Diebstahltatbestands durchzuführen?

Diebstahl, § 242 StGB

↳ StrafR BT I: Karteikarte 1

(1)	**Obj. TB**		
	(a)	Fremde bewegl. Sache	
	(b)	Wegnahme	vgl. KK Nr. 11 ff.
(2)	**Subj. TB**		
	(a)	Vorsatz	
	(b)	Zueignungsabsicht	vgl. KK Nr. 20 ff.
	(c)	Rechtswidrigkeit der beabsichtigten Zueignung	= obj. Merkmal
	(d)	Vorsatz bzgl. dieser Rechtswidrigkeit	

Ist es korrekt, dass eine Sache fremd i.S.d. § 242 StGB ist, wenn sie nicht im Alleineigentum des Täters steht?

↳ StrafR BT I: Rn. 4

Fremdheit der Sache

„Nicht im Alleineigentum des Täters stehend": ungenau, da dann auch herrenlose (= eigentumslose) Sachen erfasst, diese sind aber **nicht** fremd

⇩

Exakte Definition: Sache = fremd, wenn sie im (Mit-)Eigentum eines anderen als des Täters steht

Beachten Sie: Zivilrechtl. Rückwirkungsfiktionen wie z.B. § 142 I BGB (= Nichtigkeit ex tunc) sind unbeachtlich
→ nur auf <u>tatsächliche</u> Eigentumsverhältnisse im Zeitpunkt der Tathandlung abzustellen

Was ist unter einer Wegnahme i.S.d. § 242 StGB zu verstehen?

↳ StrafR BT I: Rn. 6

Wegnahme

= Bruch des Gewahrsams eines anderen unter Begründung neuen (nicht notwendigerweise tätereigenen) Gewahrsams

Gewahrsamsbruch: Aufhebung des Gewahrsams ohne (nicht notwendigerweise *gegen*) den Willen des Gewahrsamsinhabers

Was ist unter „Gewahrsam“ zu verstehen?

↳ StrafR BT I: Karteikarte 8

Gewahrsam

Tatsächliches Element

Tatsächliche Sachherrschaft: Der Verwirklichung des Willens zur physisch-realen Einwirkung stehen keine wesentl. Hindernisse entgegen

→ Unschädlich: Bloße Gewahrsamslockerung; **z.B.:** Gegenstände in der Wohnung, wenn Berechtigter gerade nicht anwesend ist

+

Subjektives Element

Herrschaftswille: tatsächl. Beherrschungswille, natürliche Willensfähigkeit (nicht Geschäftsfähigkeit) erforderlich; oft *genereller* Herrschaftswille

Bleibt der Gewahrsam an verlorenen Sachen bestehen? Was gilt bei vergessenen Sachen?

↳ StrafR BT I: Rn. 8

Problem: Tatsächliche Sachherrschaft?

Vergessene Sachen

= Gewahrsamslockerung, da allein räumliche Trennung der Einwirkung auf die Sache entgegensteht

→ Gewahrsam (+)

z.B.: Jemand weiß genau, dass er Armbanduhr in einer bestimmten Umkleidekabine liegen gelassen hat

Verlorene Sachen

Der Einwirkung auf die Sache steht neben räuml. Trennung auch Unkenntnis vom Ort des Verlustes entgegen

→ Gewahrsam (-)

z.B.: Jemand bemerkt, dass er seine Armbanduhr irgendwo auf einem längeren Spaziergang verloren haben muss

Ist eine Geldbörse taugliches Objekt eines Diebstahls, wenn diese jemandem in einer Gaststätte unbemerkt aus der Tasche gefallen ist?

↳ StrafR BT I: Rn. 8

Verlorene Geldbörse

Geldbörse = verloren: Gewahrsam des Eigentümers ist beendet.
Aber: In Gaststätte als räumlich eng umgrenztem Herrschaftsbereich hat der Gaststättenbetreiber i.d.R. tatsächliche Herrschaftsgewalt an verlorenen Gegenständen u. Tatherrschaftswillen

Daher: Wenn in dieser Situation ein Dritter die Geldbörse an sich nimmt, bricht er den Gewahrsam eines anderen (*des Gaststättenbetreibers*), Wegnahme **(+)**

→ Ähnlich bei Geschäftsräumen, öffentlichen Verkehrsmitteln, Kinos etc.

Gibt es Fälle, in denen jemand Besitz, aber keinen Gewahrsam bzw. umgekehrt Gewahrsam, aber keinen Besitz hat?

↳ StrafR BT I: Karteikarte 9

Gewahrsam i.S.d. § 242 StGB und Besitz i.S.d. Zivilrechts

Der strafrechtliche Gewahrsamsbegriff und der zivilrechtliche Besitzbegriff decken sich ***nicht***; für Besitz sind neben tatsächlichen Verhältnissen auch rechtliche Wertungen maßgeblich, während der Gewahrsam primär auf die tatsächlichen Gegebenheiten abstellt

Besitz (+), Gewahrsam (-):

- Fiktiver Erbenbesitz, § 857 BGB: Rechtl. Fiktion, aber keine tatsächliche Sachherrschaft!
- Mittelbarer Besitz i.S.d. § 868 BGB

Gewahrsam (+), Besitz (-):

- Besitzdiener, § 855 BGB: Hat regelmäßig Sachherrschaft und damit auch Gewahrsam, aber ist selbst nicht Besitzer im zivilrechtl. Sinne

Wann ist die Unterscheidung, ob gleichgeordneter oder mehrstufiger Mitgewahrsam vorliegt, von Bedeutung?

Diebstahl, § 242 StGB

↳ StrafR BT I: Karteikarte 10

Grds.: Zur Wegnahme i.S.d. § 242 StGB reicht der **Bruch von Mitgewahrsam** aus

↓

Ausnahme: Der übergeordnete Gewahrsamsinhaber kann den untergeordneten Gewahrsam nicht brechen (umgekehrt aber schon!)

→ Genaue Einordnung der Mitgewahrsamsverhältnisse **dann** nötig, wenn **untergeordneter Gewahrsamsinhaber übergeordneten** Gewahrsam gebrochen haben könnte

⇩

Mehrstufiger Gewahrsam:

- *Übergeordneter Gew.Inhaber* hat Kontroll- u. Einwirkungsmöglichkeit
- *Untergeordneter Gew.Inhaber* hat gewisse Eigenverantwortlichkeit (sonst *Allein*gewahrsam des Übergeordneten)

z.B.: Leiter des Supermarkts / angestellte Verkäuferin

A hat den Schlüssel zu einem Behältnis, das sich in der Mietwohnung des B befindet, zu der nur dieser einen Schlüssel hat. Wer hat Gewahrsam an einer in dem Behältnis eingeschlossenen Sache?

↳ StrafR BT I: Rn. 12

Beurteilung nach der Verkehrsanschauung

Behältnis frei beweglich	Behältnis fest verankert
B hat grds. Alleingewahrsam an allen Gegenständen in seiner Wohnung; auch an frei beweglichen Behältnissen samt deren Inhalts; fehlender Schlüssel schadet grds. nicht	Nach Verkehrsanschauung hat A Alleingewahrsam am Inhalt des Behältnisses, wenn er Zugangsmöglichkeit hat
Alleingewahrsam des B	**Alleingewahrsam des A**

z.B.: Koffer, Schmuckkassette

z.B.: Schließfach

In welchem Zeitpunkt ist die Wegnahme vollendet?

StrafR BT I: Karteikarte 12

Zeitpunkt der Vollendung der Wegnahme

Allgemeine Formel: Gewahrsamswechsel (+), wenn Täter Herrschaftsposition so erlangt, dass der urspr. Gewahrsamsinhaber ohne deren Beseitigung auf die Sache nicht mehr einwirken kann

→ *Zu starr* sind die verschiedenen vertretenen Theorien:

- Kontrektationstheorie: Berühren der Sache
- Ablationstheorie: Fortschaffen der Sache
- Illationstheorie: Bergen der Beute
- Apprehensionstheorie: Ergreifen der Sache (**h.M.**)

→ *Besser:* **Umstände des Einzelfalls** würdigen und obige Formel anwenden (→ z.B. in Supermarkt: bei kleinen Gegenständen bereits mit Einstecken in die Manteltasche (= Gewahrsamsenklave), bei größeren Gegenständen erst mit Passieren der Kasse)

Woran scheitert die Vollendung des Diebstahls bei der sog. „Diebesfalle“?

↳ StrafR BT I: Rn. 15

Maßgeblich ist, welcher Plan der „Diebesfalle“ zugrunde liegt

Täter soll gleich nach Ansichnahme der Sache ergriffen werden

Beobachtung hindert Vollendung nicht, Diebstahl ist kein „heimliches Delikt“! **Aber:** In diesem Fall erlangt der Täter schon keine hinreichende Herrschaftsposition; Wegnahme (-)
→ Versuchsstrafbarkeit

Täter soll erst nach einiger Zeit (z.B. in seiner Wohnung) **ergriffen werden**

Gewahrsamswechsel findet statt, allerdings gerade mit Willen des früheren Gewahrsamsinhabers
→ Wegnahme (-) (→ *tatbestandsausschließendes Einverständnis*)
→ Versuchsstrafbarkeit

Welche Elemente enthält das subjektive Tatbestandsmerkmal der Zueignungsabsicht?

StrafR BT I: Karteikarte 14

Zueignungsabsicht

Aneignungskomponente + **Enteignungskomponente**

Aneignungskomponente	Enteignungskomponente
Absicht der zumindest **vorübergehenden** Aneignung (dol. directus 1. Gr. erforderlich)	**Vorsatz** bzgl. **dauerhafter** Enteignung (dol. eventualis ausreichend)
Aneignung = Anmaßung einer eigentümerähnlichen Herrschaftsmacht; Ziel: Einverleibung in Vermögen wie Eigentum	**Enteignung** = Verdrängung des Eigentümers aus seiner Herrschaftsposition

Muss der vom Täter beabsichtigte Aneignungsakt mit dem geplanten Enteignungsakt zeitlich zusammenfallen?

↳ StrafR BT I: Rn. 20 ff.

Zeitpunkt der Aneignung

Der Täter muss nicht beabsichtigen, mit *derselben* Handlung sich die Sache anzueignen sowie den Eigentümer zu enteignen. Beide Vorgänge können zeitlich auseinanderfallen.

z.B.: Täter stiehlt einen Pkw, um ihn zunächst für sich zu benutzen (Aneignung) und ihn dann zu zerstören (dauerhafte Enteignung)

Wichtig: Aneignungsabsicht und Enteignungsvorsatz müssen beide **im Zeitpunkt der Wegnahme** gegeben sein. § 242 (-), wenn im obigen Beispiel der Täter erst während der Fahrt auf die Idee kommt, den PKW nicht zurückzugeben, sondern zu zerstören → §§ 246, 303, 53

Erläutern Sie die Substanz- und die Sachwerttheorie anhand eines Beispiels!

↳ StrafR BT I: Karteikarte 15

Problem: Gegenstand der beabsichtigten Zueignung

Substanztheorie

Nur die Sachsubstanz selbst

Sachwerttheorie

Abzustellen ist auf wirtschaftl. Wert der Sache

Vereinigungstheorie

Entweder die Sachsubstanz oder auch der in ihr verkörperte Wert

z.B.: Diebstahl eines Sparbuchs, um Geld abzuheben. Zueignungsabsicht bzgl. Substanz (-), wenn Buch wieder zurückgelegt werden soll (kein Enteignungsvorsatz); Zueignung des verkörperten Sachwertes beabsichtigt? → (+), Guthaben ist im Sparbuch verkörpert (anders bei EC-Karten)

Worum geht es beim sog. absichtslos-dolosen Werkzeug?

↬ StrafR BT I: Rn. 23 f.

Absichtslos-doloses Werkzeug

Täter bedient sich einer Person, deren Strafbarkeit nach § 242 (nur) an fehlender Zueignungsabsicht scheitert
→ In vielen Fällen aber wegen Drittzueignungsabsicht von § 242 erfasst

z.B.: Täter erklärt Vordermann wahrheitswidrig, er wolle die Sache später zurückgeben → Vordermann hat weder Absicht der Zueignung an sich noch an den Täter!

- **e.A.:** Hintermann hat beim absichtslos-dolosen Werkzeug keine Tatherrschaft, mittelbare Täterschaft i.S.d. §§ 242, 25 I Alt. 2 (-)
- **h.M.:** Fall der „*normativen Tatherrschaft*“; vorzugswürdig, da Fälle des absichtslos-dolosen Werkzeugs Irrtum des Vordermanns voraussetzen → Täter hat Geschehen in der Hand, Tatherrschaft und mittelbare Täterschaft (+)

T hat gegen O eine fällige und einredefreie Forderung in Höhe von 200 €.
Um diese zu realisieren, entnimmt T der Geldbörse des O heimlich einen 200 €-Schein.
Ist § 242 StGB erfüllt?

↳ StrafR BT I: Karteikarte 17

Rechtswidrigkeit der erstrebten Zueignung?

Rechtswidrigkeit (-), wenn Täter **fälligen und einredefreien Anspruch** auf Gegenstand der beabs. Zueignung hat

- T hat zwar Anspruch auf Zahlung von 200 €, jedoch nicht auf diesen konkreten Geldschein; bei Gattungsschulden muss der Schuldner zunächst Konkretisierung vornehmen (§ 243 II BGB), Rwk. grds. (+)
- **a.A. teilw. Lit.** bei Geldschulden; hier soll AuswahlR des Schuldners entfallen, Rwk (-); sog. *Wertsummentheorie*

Wenn Rwk (+), Vorsatz diesbezüglich?

- T nimmt an, er habe Anspruch auf diesen konkreten Geldschein; er hat daher bei Parallelwertung in der Laiensphäre keinen Vorsatz bzgl. der Rwk der erstrebten Zueignung, Tatbestandsirrtum, § 16 I S. 1 (str.)
- daher ist T nach Ansicht der **Rspr.** *nicht* nach § 242 zu bestrafen

Worum handelt es sich bei § 243 StGB und an welcher Stelle im Prüfungsaufbau ist die Vorschrift zu prüfen?

↳ StrafR BT I: Karteikarte 19

Straftatbestände zeichnen sich dadurch aus, dass diese **zwingend** und **abschließend** sind (wg. Art. 103 II GG)

§ 243 nach Wortlaut („in der Regel“) **weder** abschließend **noch** zwingend
→ kein Straftatbestand, sondern **Strafzumessungsregel**

<u>Prüfungsstandort</u>
Nach Bejahung der *Schuld*

Ist § 16 I S. 1 StGB auf § 243 StGB anzuwenden?
Gibt es den Versuch des § 243 StGB?

Strafzumessungsregel, § 243 StGB

↳ StrafR BT I: Rn. 29 f.

§ 16 I S. 1 und § 243

Wg. **Tatbestandsähnlichkeit** der Regelbeispiele des § 243 I S. 2 ist § 16 I S. 1 *entsprechend* anzuwenden, d.h.: obj. Regelbeispiel nur gegeben, wenn Täter entsprechenden „Quasi-Vorsatz" hat
(ebenso § 25 sowie Teilnahmevorschriften analog anwendbar)

§§ 22 ff. und § 243

Grds. denkbar, auch §§ 22 ff. analog anzuwenden
Unstr.: Regelbeispiele haben bei ihrer **Verwirklichung** Indizwirkung für einen besonders schweren Fall

→ **Wichtig:** Es gibt den (vollendeten/versuchten) Diebstahl in einem bes. schweren Fall, **nicht** aber den Versuch eines besonders schweren Falles (nur eine „Tat" kann versucht werden)

Handelt es sich um einen „falschen Schlüssel“ i.S.d. § 243 I S. 2 Nr. 1 StGB, wenn der Berechtigte seinen Wohnungsschlüssel verloren hat?

↬ StrafR BT I: Rn. 29

Falscher Schlüssel

Schlüssel wird „falsch“, wenn er vom Berechtigten „entwidmet“ wird → erkennbare Willensänderung, dass Schlüssel nicht mehr als solcher verwendet werden soll

- Willensänderung muss für den *Täter* nicht erkennbar sein
- Solche Willensänderung bei Verlieren des Schlüssels aber erst dann anzunehmen, wenn Berechtigter den Verlust *entdeckt* hat

Wie ist das Konkurrenzverhältnis zu lösen, wenn der Täter zur Ausführung des Diebstahls in einen Geschäftsraum einbricht und dabei die Tür beschädigt?

↳ StrafR BT I: Karteikarte 20

Beim Einbruchdiebstahl nach § 243 I S. 2 Nr. 1 Alt. 1 werden regelmäßig § 303 (*Sachbeschädigung beim gewaltsamen Öffnen*) sowie § 123 (*Hausfriedensbruch*) mitverwirklicht

↓

Fall der Konsumtion (Gesetzeseinheit)?

↓

Typischerweise werden beim Einbruchsdiebstahl gemäß § 243 I S. 2 Nr. 1 auch die §§ 303, 123 verwirklicht → nach e.A. werden daher §§ 303, 123 im Wege der **Konsumtion** verdrängt

Aber: Konkurrenzregeln nur auf **Straftatbestände** anwendbar; jedenfalls § 303 tritt nicht hinter § 243 I S. 2 Nr. 1 zurück (h.M.)

Was sind die Anwendungsvoraussetzungen des § 243 II StGB?

Strafzumessungsregel, § 243 StGB

↳ StrafR BT I: Karteikarte 21

§ 243 II StGB

Rechtsfolge: besonders schwerer Fall i.S.d. § 243 I S. 2 Nr. 1-6 zwingend ausgeschlossen

Voraussetzungen:

(1) Diebstahl einer geringwertigen Sache (obj. Voraussetzung, max. 25 € Geldwert)

(2) „Quasi-Vorsatz" bzgl. der Geringwertigkeit (subj. Voraussetzung)

„geringwertig" stets (-), wenn *kein* obj. messbarer Substanzwert und funktioneller od. ideeller Wert im Vordergrund, z.B. Personalausweis, Strafakten etc.

Ist § 244 StGB anzuwenden, wenn der Dieb bei der Tat seine Dienstwaffe dabei hat?

↳ StrafR BT I: Karteikarte 22

§ 244 I Nr. 1 a) Alt. 1 bei Dienstwaffe?

h.M.

(+), Strafgrund ist die **abstrakte Gefährlichkeit** des Beisichführens der Waffe bei der Tat; bei Dienstwaffe nicht anders zu beurteilen

a.A.

(-), bei Dienstwaffe ist **teleologische Reduktion** vorzunehmen
Arg.: berufsbedingter Waffenträger würde ohne sachl. Grund benachteiligt

Was ist unter einem gefährlichen Werkzeug i.S.v. § 244 I Nr. 1 a) Alt. 2 StGB zu verstehen?

↳ StrafR BT I: Karteikarte 23

Gefährliches Werkzeug

Problem: Anders als bei § 224 I Nr. 2 ist bei § 244 I Nr. 1 a) keine Verwendung erforderlich, d.h.: auf die konkrete Verwendung kann (anders als bei § 224 I Nr. 2) nicht abgestellt werden

Lösung: Umstritten

- e.A. (objektive Lösung): Voraussetzung ist eine Waffenähnlichkeit des Gegenstands
- a.A. (subjektive Lösung): Erforderlich ist, dass Täter sich innerlich vorbehält, Gegenstand bei Bedarf gefährlich einzusetzen (Verwendungsvorbehalt)

Schildern Sie die sog. Scheinwaffenproblematik i.R.d. § 244 StGB!

↳ StrafR BT I: Rn. 38

Scheinwaffe = Gegenstand, der nur den *Schein* obj. Gefährlichkeit erwecken und beim Opfer einen entsprechenden Irrtum auslösen soll (**z.B.**: ungeladene Pistole)

- **Früher**: str., ob obj. Gefährlichkeit Voraussetzung des § 244 I Nr. 2 a.F.
- **Heute**: § 244 I Nr. 1 a) **(-)**, setzt ersichtlich obj. Gefährlichkeit voraus; demgegenüber kann diese nicht Voraussetzung für § 244 I Nr. 1 b) sein; Scheinwaffe fällt jetzt unter **§ 244 I Nr. 1 b)**

Einschränkung bei Objekten, die in ihrem äußeren Erscheinungsbild völlig ungefährlich sind und bei deren Verwendung das Täuschungsmoment weit überwiegt (Labello-Stift, Plastikrohr etc.)

Unter welchen Voraussetzungen sieht die h.M. den § 244 I Nr. 2 StGB als erfüllt an?

↳ StrafR BT I: Karteikarte 24

§ 244 I Nr. 2
nach h.M.

Bandenmitgliedschaft

Bande = Zusammenschluss von mind. 3 Personen zur fortgesetzten Begehung von Raub- / Diebestaten
Mindestens *ein* Bandenmitglied muss als Täter handeln

\+

Unter Mitwirkung eines anderen Bandenmitglieds

Als Mitwirkungshandlung genügt auch eine bloße Teilnahmehandlung seitens eines anderen Bandenmitglieds

Wie viele Bandenmitglieder müssen „vor Ort“ handeln?

↳ StrafR BT I: Rn. 39

Denkbar ist, dass kein Bandenmitglied „vor Ort“ handelt (str.)

Beispiel: A, B und C sind eine Bande. A plant einen Diebstahl bis ins Detail, B hat dafür Werkzeuge „besorgt“. Da keiner der Bandenmitglieder Zeit zur Umsetzung hat, hilft X einmalig aus und geht beim Diebstahl nach den Instruktionen des A vor. Die Beute wird wie geplant allein zwischen A und X geteilt.

Strafbarkeit A:	Strafbarkeit B:	Strafbarkeit X:	Strafbarkeit C:
§§ 244 I Nr. 2, 25 II (+); wegen Planung Handeln vor Ort nicht erf.	§§ 244 I Nr. 2, 27 (+); § 25 II (-), kein Anteil an Beute	§§ 242 I, 25 II (+); wegen § 28 II kein § 244 I Nr. 2	bleibt straflos

Woraus setzt sich der objektive Tatbestand des § 244a StGB zusammen? Handelt es sich um eine Strafzumessungsregel?

§ 244a StGB

↳ StrafR BT I: Rn. 41

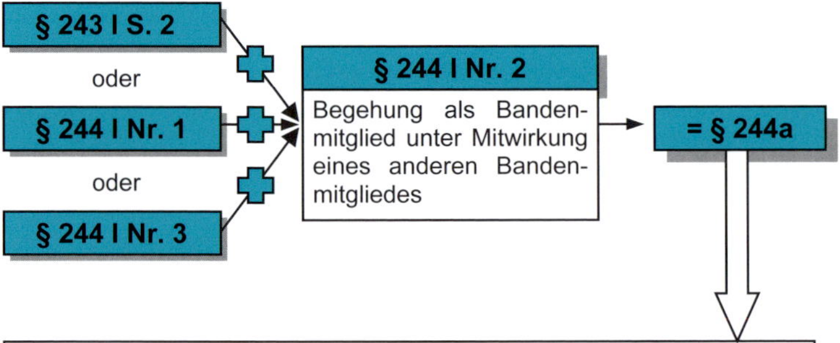

§ 244a verweist auf die Fälle des § 243 I S. 2; damit ist der Tatbestand des § 244a insoweit abschließend und zwingend

→ § 244a = **Qualifikation**, keine Strafzumessungsregel

Welcher Meinungsstreit um das Tatobjekt bei § 246 StGB hat sich durch das 6. Strafrechtsreformgesetz erledigt?

↳ StrafR BT I: Karteikarte 26

Problem: Wortlaut § 246 a.F.:
„... Sache, die er in Besitz oder Gewahrsam hat ..."

- **Strenge** Auslegung: Im Zeitpunkt der Zueignungshandlung muss bereits Gewahrsam bestehen; (-), wenn Täter z.B. Brieftasche findet und einsteckt.
- **Kleine berichtigende** Auslegung (**h.M.**): Zueignungshandlung und Gewahrsamsbegründung können zeitlich *zusammenfallen*; im obigen Beispiel (+)
- **Große berichtigende** Auslegung: auf Gewahrsam des Täters kommt es nicht an; diese Ansicht war allerdings mit Art. 103 II GG unvereinbar

Heutige Rechtslage: Nebensatz „die er in Besitz oder Gewahrsam hat" gestrichen; Gesetzgeber ist damit **großer berichtigender Auslegung** gefolgt; teilw. wird vertreten, dass der Täter dennoch zumindest *mittelbarer* Besitzer sein müsse, um den weiten TB des § 246 einzuschränken

Was ist unter einer Zueignung i.S.d. § 246 StGB zu verstehen?

↳ StrafR BT I: Rn. 44a

Zueignung

Nicht: zivilrechtlicher Eigentumserwerb

↓

Sondern: Objektive Manifestierung eines Zueignungswillens
d.h.: Handlung lässt auf den Willen des Täters schließen, sich die Sache zueignen (= sich aneignen und Eigentümer enteignen) zu wollen

- (+): Täter hebt verlorene Brieftasche auf, nimmt Geld heraus und steckt dieses in seine eigene Brieftasche
- (+): Täter bietet die Sache einem Dritten zum Kauf an
- (-): Mieter benutzt die gemietete Sache nach Ablauf der Mietzeit weiter

Welches Problem besteht im Zusammenhang mit der sog. wiederholten Zueignung?

↳ StrafR BT I: Karteikarte 27

Wiederholte Zueignung

Täter hat Sache durch Straftat gg. das Vermögen erlangt (z.B. Diebstahl); kann er sie sich danach *erneut* zueignen (Strafbarkeit nach § 246)?

Konkurrenzlösung

§ 246 (+), tritt allerdings als mitbestrafte Nachtat hinter zuvor verwirklichtem Delikt zurück

Arg.: Anderenfalls Strafbarkeitslücken für Teilnehmer an zweiter Zueignung

Tatbestandslösung (BGH)

§ 246 (-), scheidet schon tatbestandlich aus, **Arg.:**

- Zueignung kann begrifflich nur *einmal* stattfinden
- Verjährung der Ersttat sonst faktisch unmögl., da jeder weitere Gebrauch des Tatobjekts strafbar

Schildern Sie das Verhältnis von § 242 StGB und § 246 StGB!

↳ StrafR BT I: Rn. 44

§ 246 I a.E. → gesetzl. geregelter Fall der Subsidiarität

→ § 246 v.a. (-), wenn *durch dieselbe Handlung* schon § 242 (+); in Klausur dann § 246 nicht zu prüfen

§ 246 kommt v.a. in Betracht:

- wenn **kein Gewahrsamsbruch** vorliegt, z.B. weil die Sache gewahrsamslos war oder der Gewahrsamswechsel sich mit Einverständnis des Gewahrsamsinhabers vollzog
- wenn Täter im Zeitpkt. des Gewahrsamswechsels **keinen Zueignungswillen** hatte, später aber sich die Sache einverleibt

Fälle der „wiederholten Zueignung" sind nicht durch gesetzl. Subsidiarität zu lösen, da Diebstahl und die mögliche Unterschlagung hier *nicht* durch *dieselbe Tathandlung* begangen werden

Was ist bei der Prüfung einer Teilnahme an einer veruntreuenden Unterschlagung i.S.d. § 246 II StGB zu beachten?

↳ StrafR BT I: Karteikarte 28

Veruntreuende Unterschlagung

Sache „anvertraut", wenn dem Täter Gewahrsam in dem Vertrauen gewährt wurde, er werde mit der Sache **nur im Sinne des Anvertrauenden** verfahren

Bei **Teilnahme** zu beachten:

Anvertrautsein ist **besonderes persönl. Merkmal i.S.d. § 28 II**
→ Strafbarkeit des Teilnehmers wg. §§ 246 II, 26 / 27 nur, wenn auch (bzw. nur) er in besonderer Vertrauensbeziehung zum Opfer stand; i.d.R. **(-)**, dann nur Teilnahme an einfacher Unterschlagung, § 246 I

Was sind die Tatbestandsvoraussetzungen des (einfachen) Raubes, § 249 StGB?

Raub, § 249 StGB

StrafR BT I: Rn. 48

(1)	**Obj. TB**		
	(a)	Fremde bewegl. Sache	
	(b)	Wegnahme	
	(c)	Nötigungsmittel	Qualifizierte Gewalt bzw. Drohung
	(d)	Finalität + raubspez. Einheit	Einsatz d. Nötigungsmittels zur Wegnahme, KK Nr. 47
(2)	**Subj. TB**		
	(a)	Vorsatz	wie bei § 242
	(b)	Zueignungsabsicht	wie bei § 242
	(c)	Rwk. der beabs. Zueignung	wie bei § 242
	(d)	Vorsatz bzgl. dieser Rwk.	wie bei § 242

Liegt ein Raub vor, wenn der Täter das Opfer auf offener Straße tötet, um an seine Brieftasche zu gelangen?

↳ StrafR BT I: Rn. 47 ff.

Gewalt i.S.d. § 249 StGB

- **„Gewalt gegen eine Person"** (+)
- **Wegnahme** jedoch fraglich, da Opfer im Zeitpunkt des Gewahrsamswechsels keinen Gewahrsam (mehr) hatte (Tote haben kein Gewahrsam); auch § 857 BGB nicht anwendbar

Aber: Erscheint nicht hinnehmbar, § 249 zu verneinen; nach ganz h.M. § 249 **(+)**

Dogmatische Begründung: durch die Tötung erfolgt bereits der Gewahrsamsbruch, danach erfolgt die Neubegründung des Gewahrsams durch Ergreifen der Sache → Wegnahme **(+)**

Schildern Sie den klassischen Gewaltbegriff und seine allmähliche Modifizierung durch die Rechtsprechung des BGH!

↳ StrafR BT I: Rn. 50

1. Stufe

- durch Anwendung von Körperkraft erfolgende
- körperliche Zwangswirkung beim Opfer
- zur Überwindung eines tatsächlichen oder erwarteten Widerstandes

„klassischer Gewaltbegriff"

2. Stufe

Die Anwendung von Körperkraft kann auch nur **gering** sein, **z.B.:** Umdrehen eines Schlüssels zum Einschließen des Genötigten

3. Stufe

Die Zwangswirkung kann auch nur **psychischer Art** sein, **z.B.:** Täter lässt sich auf Straßenbahnschienen nieder → psychisch vermittelter Zwang beim Fahrer, der den Täter nicht überfahren will

„vergeistigter Gewaltbegriff"

Welche Auswirkung hatte die sog. Sitzblockaden-Entscheidung des BVerfG auf die Rechtsprechung des BGH?

↳ StrafR BT I: Rn. 51

Sitzblockaden-Entscheidung des BVerfG (1995)

Sachverhalt: Täter blockieren sitzend die Ausfahrt einer Bundeswehrkaserne; BGH: Gewalt (+), § 240 (+)

Weite Auslegung des Gewaltbegriffs mit **Art. 103 II GG** nicht vereinbar; psychisch vermittelter Zwang reicht für „Gewalt" *nicht* aus, daher Rückkehr zur 2. Stufe des Gewaltbegriffs (BVerfG)

⇩

Reaktion des BGH (von BVerfG bestätigt)

Rspr. des BVerfG betrifft nur die Fahrzeuge, die unmittelbar vor den Demonstranten halten müssen, Gewalt (-); für die Fahrzeuge ab der zweiten Reihe stellen die vor ihnen stehenden Fahrzeuge **physische Barrieren** dar → bzgl. *Fahrer dieser Fahrzeuge* liegt auch bei Einschränkung des Gewaltbegriffs Gewalt vor

Kann der Gewaltbegriff aus § 240 StGB ohne Weiteres auf § 249 StGB übertragen werden?

↳ StrafR BT I: Rn. 51

„Gewalt“ bei § 249

- Gewalt muss sich gegen eine Person richten → Sachgewalt genügt nicht; **Ausnahme:** Sachgewalt richtet sich *mittelbar* gegen eine Person

z.B.: Tötung des Blindenhundes, um einen Sehbehinderten auszurauben

- **Ganz h.M.:** psychisch vermittelter Zwang genügt *nicht*

- (-), wenn Überraschungsmoment überwiegt und Kraftaufwand gering ist

z.B.: Täter entreißt dem nichtsahnenden Opfer beim Vorbeifahren mit dem Motorrad dessen Handtasche, welche Opfer nur lose gehalten hatte

Liegt eine Drohung i.S.d. § 249 StGB vor, wenn der Täter das Opfer mit einer Scheinwaffe bedroht? Was ist unter einer Warnung zu verstehen?

↳ StrafR BT I: Rn. 58

Drohung

= In-Aussicht-Stellen eines künftigen Übels, auf das der Täter Einfluss hat oder zu haben vorgibt → muss geeignet sein, um Nötigungserfolg herbeizuführen → Realisierbarkeit des Angedrohten ist *nicht* erforderlich; Drohen mit einer Scheinwaffe reicht daher aus (denn: Eignung zur Erreichung des Nötigungserfolgs (+))

Abgrenzung zur Warnung (= keine Drohung)

Jemand macht auf künftiges Übel aufmerksam, auf dessen Eintritt er jedoch **keinen Einfluss** zu haben vorgibt; grds. straffrei
z.B.: „Wenn du nicht bald deine Miete zahlst, wird Dein Vermieter Dir wahrscheinlich bald kündigen!“

Worum geht es bei dem Kriterium der Finalität?

↳ StrafR BT I: Rn. 60

Finalität

↓

Täter muss Nötigungsmittel subjektiv dazu einsetzen, um die Wegnahme zu ermöglichen
(obj. Kausalität nach h.M. gerade nicht erforderlich)

↓

- (-), wenn Täter Entschluss zur Wegnahme erst *nach* Beendigung der Gewaltanwendung fasst (dann aber häufig konkl. *Drohung* mit weiterer Gewalt)
- (+), wenn Täter Entschluss zur Wegnahme *während* der Gewaltanwendung (z.B.: Prügelei) fasst, sog. fortdauernde Gewaltanwendung

Was versteht man unter der sog. raubspezifischen Einheit?

↬ StrafR BT I: Rn. 61

Raubspezifische Einheit

Beachten Sie: Neben der Finalität zwischen qualifiziertem Nötigungsmittel und der Wegnahme ist auch eine sog. raubspezifische Einheit erforderlich

Dies setzt voraus, dass in zeit-räumlicher Hinsicht ein hinreichender Zusammenhang zwischen Einsatz des Nötigungsmittels und der späteren Wegnahme besteht

Ist § 250 StGB einschlägig, wenn der Täter beim Raub einen gespitzten Bleistift bei sich führt? Was gilt, wenn er diesen dem Opfer zur Ermöglichung der Wegnahme ins Auge sticht?

↳ StrafR BT I: Rn. 66, 69

Bloßes Beisichführen: § 250 I Nr. 1a)

Gleiches Problem wie bei § 244 I Nr. 1a): „anderes gefährliches Werkzeug“? Bei Abstellen auf *typische Verwendung* des Bleistifts: (-)

Einsatz als Stechwerkzeug: § 250 II Nr. 1

Verwendung eines gefährlichen Werkzeuges?

- **e.A.:** (-), da genauso auszulegen wie bei § 250 I Nr. 1a)
- **h.M.:** Wie bei § 224 Nr. 2: Abzustellen ist auf die konkrete Art der Verwendung des Objekts; Stechen eines Bleistifts in das Auge des Opfers = geeignet, erhebl. Verletzungen hervorzurufen → (+)

Ist § 250 StGB einschlägig, wenn der Täter beim Raub mit einer ungeladenen Schusswaffe droht, die Munition aber in der Jackentasche bereithält?

↳ Life&LAW 2000: S. 328 ff.

§ 250 I Nr. 1a)

- Waffe setzt obj. Gefährlichkeit voraus; bei ungeladener Schusswaffe (-)
- Daran ändert sich hinsichtl. der ungeladenen Schusswaffe als solcher nichts dadurch, dass Munition mitgeführt wird (h.M.)

§ 250 II Nr. 1

- „Verwenden" auch bei Einsatz zur Drohung
- Aber: Täter hat nur mit einem Teil der Waffe gedroht, der für sich genommen keine Waffe darstellt (ungeladene Schusswaffe) → (-)
  Daher: (-), Täter hätte auch die Munition zur Drohung einsetzen müssen (a.A. vertretbar) → aber § 250 I Nr. 1b) (+)

Handelt es sich bei § 250 II Nr. 3 b) StGB um ein erfolgsqualifiziertes Delikt? In welchen Fällen ist diese Einordnung für die Strafbarkeit nach § 250 II Nr. 3 b) StGB relevant?

↳ StrafR BT I: Karteikarte 33

§ 250 II Nr. 3 b) ist *keine* Erfolgsqualifikation i.S.d. § 18, sondern eine (gewöhnliche) **Qualifikation** zu § 249 / §§ 253, 255 / § 252

⇩

Daher: Vorsatz des Täters muss sich auf die Todesgefahr beziehen (§ 15); bei Erfolgsqualifikation würde gem. § 18 Fahrlässigkeit bzgl. dieser besonderen Folge genügen

↓

Einordnung dann relevant, wenn dem Täter bzgl. der konkreten Todesgefahr nur Fahrlässigkeit zur Last fällt

Ist die erforderliche Unmittelbarkeitsbeziehung zwischen Raub und Todesfolge gegeben, wenn

a) das Opfer stirbt, weil der Täter ihm lebensnotwendige Medikamente weggenommen hat

b) der Täter bei der Fahrt mit dem Fluchtauto einen Passanten tödlich verletzt?

↳ StrafR BT I: Karteikarte 34

Gefahrspezifischer Unmittelbarkeitszusammenhang

Bei jedem erfolgsqualifizierten Delikt muss sich in der besonderen Folge die spezifische **Gefahr des Grunddelikts** verwirklicht haben

a) → Spezifische Gefahr knüpft typischerweise an Nötigungshandlung, *nicht* an den *Wegnahmeerfolg* an; hier Tod infolge Wegnahme lebensnotwendiger Medikamente eingetreten; **Unmittelbarkeitszusammenhang** (-)

b) → Hier Tod nicht infolge der Nötigungshandlung eingetreten, vielmehr war Raub schon vollendet; allerdings noch nicht materiell beendet; § 249 birgt auch Gefahren im Zusammenhang mit der Flucht und Beutesicherung (so BGH) → **Unmittelbarkeitszusammenhang** (+)

Welches Konkurrenzverhältnis ist zwischen versuchtem Raub mit Todesfolge und (vollendeter) Körperverletzung mit Todesfolge, die durch dieselbe Tathandlung begangen wurden, anzunehmen?

↳ Life&LAW 2000: S. 727 ff.

Versuchter Raub mit Todesfolge und (vollendete) KV mit Todesfolge

Fraglich, ob **Tateinheit** (§ 52) oder **Gesetzeseinheit**
→ Tateinheit dann, wenn in Urteilsformel anderenfalls das gesamte Unrecht nicht vollständig zum Ausdruck käme (→ „Klarstellungsfunktion der Tateinheit")

- Bei Versuch der §§ 249, 251 könnte sowohl Raub (Erfolgsqualifikation des Versuchs) als auch § 251 (erfolgsqualifizierter Versuch) im Versuchsstadium steckengeblieben sein
- Im zweiten Fall käme bei Verurteilung nur wegen §§ 249, 251, 22 nicht zum Ausdruck, dass Todesfolge tatsächlich eingetreten ist
- Da die §§ 249, 251, 22 nicht zum Ausdruck bringen, dass das Opfer zu Tode kam, wg. Klarstellungsbedürfnis **Tateinheit** mit § 227 anzunehmen

Kann vom Versuch des § 249 StGB noch strafbefreiend zurückgetreten werden, wenn die besondere Folge nach § 251 StGB bereits eingetreten ist?

Raub mit Todesfolge, § 251 StGB

↳ StrafR BT I: Rn. 78

Problem: Strafbefreiender Rücktritt nach § 24 vom Versuch des einfachen Raubes noch möglich, wenn Todeserfolg des § 251 bereits eingetreten?

e.A.	⟺	**h.M. (BGH)**
Rücktritt (-), **Unrechtsgehalt** habe sich mit Eintritt der besonderen Folge **voll verwirklicht**; daher kein Rücktritt möglich		Rücktritt (+), denn • § 249 noch im Versuchsstadium, daher § 24 möglich • Täter bleibt wegen bes. Folge nicht straflos, § 222 bzw. §§ 212 I, 211

Wie sind die Anwendungsbereiche von § 252 StGB und von § 249 StGB hinsichtlich des Zeitpunkts der Gewaltanwendung voneinander abzugrenzen?

Räuberischer Diebstahl, § 252 StGB

↳ StrafR BT I: Karteikarte 35

Vollendung der Wegnahme

Beendigung der Vortat

Gewaltanwendung vor Vollendung
→ **§ 249** kommt in Betracht

Gewaltanwendung zwischen Vollendung und Beendigung
→ **§ 252** kommt in Betracht

Gewaltanwendung nach mat. Beendigung
→ § 252 (-), nur noch § 240, § 223 etc. mögl.

Ist der Täter i.S.d. § 252 StGB auf frischer Tat betroffen, wenn er eine Person niederschlägt, bei welcher er irrtümlich davon ausgeht, dass diese ihn beobachtet hat, um seiner Entdeckung zuvorzukommen?

↳ StrafR BT I: Karteikarte 35

„auf frischer Tat"

- Enger zeitlicher und örtlicher Zusammenhang mit Tat erforderlich
- Vortat = Diebstahl / Raub muss bereits vollendet sein, vgl. vorige KK

„betroffen"

- Setzt Entdeckung nach **h.M.** *nicht* voraus: Betroffen*sein* ist kein Betroffen*werden*!
- Unerheblich, gegen *wen* sich Gewalt richtet, Täter muss ledigl. Besitzerhaltungsabsicht haben („um...zu erhalten"); Täter muss also allein davon ausgehen, Opfer wolle ihm Gewahrsam entziehen → im Fall (+)

Kann ein Teilnehmer an der Vortat Täter des § 252 StGB sein?

↳ StrafR BT I: Karteikarte 36

Teilnehmer der Vortat als Täter des § 252 StGB?

Teilw. Rspr.	h.L.
(+), wenn Teilnehmer **Besitz** an Sache hat (Arg.: er muss *selbst* Besitz-*erhaltungs*absicht haben)	Gleichstellung mit Raub („gleich einem Räuber") nur gerechtfertigt, wenn auch Vortat *täterschaftlich* begangen
→ Teilnehmer der Vortat als Täter des § 252 (+)	→ Teilnehmer der Vortat als Täter des § 252 (-)

Setzt die Vollendung des § 316a StGB nach dem 6. Strafrechtsreformgesetz die Vollendung der in § 316a I StGB genannten Delikte voraus?

↳ StrafR BT I: Karteikarte 38

§ 316a a.F.

Setzte ein *Unternehmen* des Angriffs auf die genannten Rechtsgüter voraus
→ Gem. § 11 I Nr. 6 schon mit dem **Versuch des Angriffs** vollendet

6. Strafrechtsreformgesetz

§ 316a n.F.

- Angriff muss jetzt verübt, nicht nur versucht sein
→ Ausführungshandlung erforderlich
- **Vollendung** der in § 316a I genannten Delikte aber weiterhin ***nicht* erforderlich**, ledigl. Absicht des Täters muss sich hierauf beziehen („zur Begehung...“)

Liegt ein Ausnutzen der besonderen Verhältnisse des Straßenverkehrs vor, wenn der Täter das Opfer an einen entlegenen Ort fährt, um es dort auszurauben?

↳ StrafR BT I: Karteikarte 38

Ausnutzen der besonderen Verhältnisse des Straßenverkehrs, § 316a I StGB

→ Täter stellt *typische Situationen bzw. Gefahrenlagen* des Straßenverkehrs in den Dienst seines Vorhabens

Gefahrenlage des Straßenverkehrs ist es nicht, dass Mitfahrer an einen entlegenen unsicheren Ort verbracht werden kann (= Rspr. des BGH: Aufgabe des „Vereinzelungskriteriums") → **§ 316a (-)**

Typischer Fall: Täter nutzt die eingeschränkte Verteidigungsmöglichkeit des Opfers infolge seiner Konzentration auf den Straßenverkehr aus

Wozu bedurfte es der Normierung des § 248b StGB neben § 242 StGB?
Ist ein „Ingebrauchnehmen“ anzunehmen, wenn der Täter den PKW bei ausgeschaltetem Motor einen Hügel hinabrollen lässt?

§ 248b StGB

↳ StrafR BT I: Karteikarte 40

§ 248b

Erfasst anders als § 242 v.a. die Fälle, in denen der Täter keine Zueignungsabsicht hat und das Fahrzeug nur gebrauchen will (sog. bloße Gebrauchsanmaßung, lat.: „furtum usus“)

↳ Rechtspolitischer Hintergrund: Bei Fahrzeugen stellt eine bloße Gebrauchsentziehung bereits strafwürdiges Unrecht dar

Ingebrauchnahme: Täter nutzt Fahrzeug bestimmungsgemäß zum Zwecke der Fortbewegung
→ auch bei „Rollenlassen“ mit ausgeschaltetem Motor (+)

Ist ein Täter, der unbefugterweise ein Kfz führt, neben § 248b StGB auch wegen Diebstahls am Benzin zu bestrafen?

§ 248b StGB

↳ StrafR BT I: Karteikarte 40

§ 242 am Benzin?

- Beide Delikte sind tatbestandlich, rechtswidrig und schuldhaft verwirklicht
- Aber: beim unbefugten Gebrauch eines **Kraftfahrzeuges** regelm. mitverwirklicht; daher im **Unrechtsgehalt** des § 248b **mitenthalten**

§ 242 tritt im Wege der **Konsumtion** hinter § 248b zurück (h.M.)

Aus welchen Elementen setzt sich der objektive Tatbestand des Betrugs zusammen?

↳ StrafR BT I: Karteikarte 44

Betrug, § 263 StGB

(1)	Obj. TB
(a)	Täuschung über Tatsachen
(b)	Irrtum
(c)	Vermögensverfügung
(d)	Vermögensschaden

Alle Merkmale müssen **unmittelbar kausal** aufeinander beruhen

Stellen Sie ein Prüfungsschema für den subjektiven Tatbestand des Betrugs zusammen!

↳ StrafR BT I: Karteikarte 44

Betrug, § 263 StGB

(2)	**Subj. TB**	
(a)	Vorsatz	
(b)	Bereicherungsabsicht (sich / Dritten)	
(c)	Rwk. der erstrebten Bereicherung	objektive Merkmale!
(d)	Stoffgleichheit	objektive Merkmale!
(e)	Vorsatz bzgl. **(c)** und **(d)**	

Über welche Tatsachen kann i.R.e. Betrugs getäuscht werden?

↬ StrafR BT I: Karteikarte 41

Täuschung über Tatsachen

Tatsachen = Umstände, die dem **Beweis** zugänglich sind ⇒	Nicht bei reinen Werturteilen; **h.M.** relativ großzügig, sofern ein Tatsachen*kern* enthalten
Sowohl **innere** als auch **äußere** Tatsachen ⇒	**z.B.:** Täuschung über eigene Zahlungsbereitschaft = innere Tatsache
Nur **gegenwärtige** oder **vergangene** Tatsachen ⇒	Nicht: zukünftige Umstände

Welche Anforderungen sind an eine Täuschungshandlung zu stellen?

↳ StrafR BT I: Rn. 123

Täuschungshandlung

Definition: Verhalten, durch das der Täter auf das Vorstellungsbild eines anderen einwirkt, um Irrtum zu erregen
→ „objektiver" formuliert: Verhalten, das **geeignet** ist, einen **Irrtum** zu erregen

mögliche Formen:
(1) *Ausdrücklich*
(2) *Konkludent*
(3) *Durch Unterlassen*

Liegt eine Täuschung vor, wenn ein Kunde in einem Geschäft mit einem ungedeckten Scheck zahlt, er aber weiß, dass in Kürze eine Überweisung auf seinem Konto eingehen wird?

↳ StrafR BT I: Rn. 119 ff.

Evtl. konkludente Täuschung; **Problem:** Ermittlung des Erklärungswertes des Verhaltens des Kunden

⇩

Vorgehensweise: Abstellen auf Empfängerhorizont
→ „Worauf kommt es dem Gegenüber an?"

↓

Hier: Dem Geschäftsinhaber kommt es nicht darauf an, ob der Scheck im Moment der Aushändigung gedeckt ist, sondern ob es so „in Ordnung geht", weil er eingelöst werden kann
→ Keine unrichtige Tatsachenerklärung, **keine Täuschung (h.M.)**

Welches zusätzliche Tatbestandsmerkmal ist im Falle einer Täuschung durch Unterlassen zu prüfen?

↳ StrafR BT I: Karteikarte 45

Täuschung durch Unterlassen

Täuschung durch Unterlassen:
→ Begehung des § 263 durch unechtes Unterlassen setzt eine **Garantenstellung** voraus, § 13 I

z.B.:

- aus Gesetz (z.B. § 666 BGB)
- Ingerenz
- besonderes Vertrauensverhältnis (**Wichtig:** bloßer Vertragsschluss allein reicht grds. nicht aus)

Liegt ein Irrtum des Gastwirts vor, der einen Gast das Lokal verlassen sieht und denkt, es sei „alles in Ordnung", der Gast aber die Zeche - wie von Anfang an geplant - nicht beglichen hat?

↳ StrafR BT I: Rn. 127 ff.

Irrtum

= Fehlvorstellung des Opfers über Tatsachen

- Aktuelle Fehlvorstellung nicht erforderlich, „Mitbewusstsein“ genügt
- Str. aber, ob Vorstellung, „alles sei in Ordnung“, genügt; nach **h.M.** jedenfalls (+), wenn sich diese Vorstellung auf konkrete Tatsachen stützt

Hier nach **h.M.** Irrtum **(+)**, da Vorstellung „alles in Ordnung“ an konkludente Täuschung über innere Tatsache anknüpft

Wie ist das Merkmal der Vermögensverfügung zu definieren?

↬ StrafR BT I: Rn. 131

Vermögensverfügung

= jedes Tun, Dulden oder Unterlassen, das sich unmittelbar vermögensmindernd auswirkt

z.B.:

- Eingehung eines Vertrags (str.); Erfüllung eines Vertrags
- Übertragung von Eigentum bzw. Besitz
- Behördliche/staatliche Akte (Urteilsspruch; Subventionsgewährung)

Wie ist der Sachbetrug vom Trickdiebstahl abzugrenzen?

↳ StrafR BT I: Rn. 134 ff.

Trickdiebstahl / Sachbetrug

Sachbetrug: *Opfer gibt* die Sache infolge der Täuschung weg; Kriterium: Verfügungsbewusstsein (+)
→ Vermögensverfügung **(+)**

→ **§ 242 (-)**, da Gewahrsamswechsel mit Einverständnis des Gewahrsamsinhabers stattfindet (kein Gewahrsams*bruch*)

Trickdiebstahl: Infolge des „Tricks" wird Gewahrsam nur gelockert, Täter nimmt Sache weg; Verfügungsbewusstsein (-) → Wegnahme **(+)**

→ **§ 263 (-)**, da keine *bewusste* Selbstschädigung des Opfers; Wegnahme erfolgt **durch den Täter** selbst

Liegt Betrug oder Diebstahl vor, wenn der Täter anbietet, auf die Einkäufe des Opfers kurz aufpassen zu wollen, dann aber mit ihnen verschwindet?

↳ StrafR BT I: Rn. 134 ff.

Diebstahl oder Betrug?

Wegnahme (→ § 242) oder **Vermögensverfügung** (→ § 263)?
→ Davon abhängig, ob Opfer Gewahrsam auf Täter **übertragen** (dann Vermögensverfügung) oder nur **lockern** (dann Wegnahme) wollte

Hier: Täter sollte nur kurz auf Sachen aufpassen; dann wurde Gewahrsam nicht übertragen, sondern nur gelockert. Daher keine Vermögensverfügung, sondern **Wegnahme** i.S.d. **§ 242**

Setzt der Tatbestand des Betrugs ein Verfügungsbewusstsein des Verfügenden voraus?

StrafR BT I: Karteikarte 46

Verfügungsbewusstsein

Bewusstsein, dass durch das Verhalten Vermögen unmittelbar gemindert wird, ist **grds. nicht** erforderlich

Sonst würden z.B. Fälle des Forderungsbetrugs kaum je unter § 263 fallen. **Bsp.:** A bittet B um ein Autogramm, B unterschreibt unwissend einen Vertrag

Ausnahme: Beim Sachbetrug ist Verfügungsbewusstsein erforderlich, ansonsten ist eine Abgrenzung zum Trickdiebstahl nicht sachgerecht möglich (vgl. KK Nr. 72 f.)

Wie ist der sog. Dreiecksbetrug vom Diebstahl in mittelbarer Täterschaft abzugrenzen?

↳ StrafR BT I: Karteikarte 47

Dreiecksbetrug / Diebstahl in mittelb. Täterschaft

⇩

Täter täuscht einen Dritten, um eine Sache zu erlangen
Beachten Sie: bei § 263 müssen Getäuschter und Verfügender, nicht aber Verfügender und Geschädigter personenidentisch sein

↓

In solchen Fällen ist § 263 nur dann (+), wenn
(1) ein Dritter die Verfügung (vgl. KK Nr. 72 f.) trifft **und**
(2) die Verfügung dem Geschädigten **zuzurechnen** ist

⇨ Wenn (1) und / oder (2) (-) → *nur* §§ 242, 25 I Alt. 2 möglich

Unter welchen Voraussetzungen ist die Verfügung eines Dritten dem Geschädigten zuzurechnen?

StrafR BT I: Karteikarte 47

Voraussetzungen der Zurechnung beim Dreiecksbetrug

e.A.	a.A.	h.L.
Dritter muss nur **faktisch** in der Lage sein, über fremdes Vermögen zu verfügen	Dritter muss **Befugnis** zur Verfügung haben (Befugnistheorie)	Dritter muss **im Lager** des Geschädigten stehen (Lagertheorie)
→ **Kritik:** dann wären nahezu nie die §§ 242, 25 I Alt. 2 gegeben	→ **Kritik:** stellt zu sehr auf rechtl. Dürfen ab; in § 263 kommt es aber auch sonst v.a. auf *tatsächliche* Verhältnisse an	→ **Kritik:** gilt z.T. als zu unbestimmt

Was ist unter einem Vermögensschaden zu verstehen?
Welcher Vermögensbegriff ist dabei zugrunde zu legen?

↳ StrafR BT I: Karteikarte 48

Vermögensschaden: (+), wenn sich für das Vermögen des Geschädigten unmittelbar durch die Vermögensverfügung ein **negativer Saldo** ergibt

Juristischer Vermögensbegriff	**Wirtschaftl. Vermögensbegriff**	**Jur.-ökonomischer Vermögensbegriff**
Vermögen = Summe der **bestehenden Vermögensrechte** → **Kritik:** zu eng, z.B. die Arbeitskraft als solche würde nicht erfasst; erscheint unsachgerecht	Vermögen = Summe aller **wirtschaftl. wertvollen Positionen** → **D.h.:** auch nichtige Ansprüche, wenn tats. durchsetzbar → **Arg. pro:** Schließung von Strafbarkeitslücken	Vermögen = Summe aller **wirtschaftl. wertvollen** Positionen, sofern sie von Rechtsordnung **nicht missbilligt** werden **(h.L.)** → **Arg. pro:** Vermeidung von Wertungswidersprüchen

Welchen Vermögensbegriff wendet die Rechtsprechung an?
Zu welchem Ergebnis kommt die Rspr., wenn ein Auftragskiller vom Auftraggeber um seinen Lohn „geprellt“ wird?

↳ StrafR BT I: Rn. 151 ff.

Rspr. wendet grds wirtschaftl. Vermögensbegriff an
→ Vermögen = jede wirtschaftl. vorteilhafte Position; allerdings erfolgt im Einzelfall bei unbilligen Ergebnissen eine normative Korrektur

Betrug beim Lohn des „Killers“

Auftraggeber täuscht „Killer“	**„Killer“ täuscht Auftraggeber**
z.B.: Zahlt nach geleisteten Diensten nicht	**z.B.:** Auftraggeber übergibt Lohn im Voraus, „Killer“ leistet keine Dienste
BGH: Anspruch des Killers nach § 138 BGB (-); zwar bei wirtschaftl. Betrachtung (+), wegen Sittenwidrigkeit aber normative Korrektur → **Vermögensschaden** (-)	**BGH:** Hier normative Korrektur nicht erforderlich, Auftraggeber ist schutzwürdig, da Besitz am Geld = echter Vermögenswert → **Vermögensschaden** (+) (str.)

Worin liegt jeweils der Vermögensschaden beim Eingehungs- bzw. Erfüllungsbetrug?

↳ StrafR BT I: Karteikarte 49

Eingehungsbetrug

= Abschluss eines Verpflichtungsgeschäfts: Vermögensschaden liegt vor, wenn obj. Wert der versprochenen Leistung hinter Wert der Leistung des Opfers zurückbleibt (da insoweit „konkrete Vermögensgefährdung")
→ BVerfG: Dann (+), wenn **wirtschaftl. Mindestschaden bezifferbar**

Erfüllungsbetrug

= Erfüllung einer Forderung: Vermögensschaden liegt vor, wenn Wert des geleisteten Gegenstands hinter dem der wirklich geschuldeten Leistung zurückbleibt
→ Täuschungsbedingte Leistung eines **minderwertigen Gegenstands**

Liegt ein Vermögensschaden vor, wenn der Verkäufer einer Sache das Eigentum an dieser dem Käufer nur im Wege des gutgläubigen Erwerbs vom Nichtberechtigten verschaffen kann?

↳ StrafR BT I: Karteikarte 50

Vermögensschaden beim gutgläubigen Erwerb?

(+), wenn vom Nichtberechtigten erworbene Sache **weniger wert** als im Falle des Erwerbs vom Berechtigten

Makeltheorie

Eigentum hängt „Makel" des Erwerbs vom Nichtberechtigten an
→ Vermögensschaden (+)

BGH:
Nur wenn gesteigertes Prozessrisiko besteht, dass früherer Eigentümer Recht bekommt
→ Gefährdungsschaden (+)

a.A.

Wertungen des Zivilrechts dürfen nicht umgangen werden: Vom Nichtberechtigten erworbenes Eigentum ist **vollwertig**
→ Vermögensschaden (-)

Soll § 263 StGB auch davor schützen, dass der Täter das Opfer durch Täuschung zu einem Kauf veranlasst, wenn der Kaufpreis dem obj. Wert der Sache entspricht?

↳ StrafR BT I: Rn. 161 ff.

Problem: Vermögensschaden?

§ 263 setzt **Vermögensschaden** voraus → wenn Kaufpreis dem obj. Wert entspricht: (-) (Ausnahmen vgl. nächste KK)

→ § 263 StGB schützt **nicht** die **Freiheit der Willensbetätigung**, sondern das **Vermögen an sich**

z.B.: Autohändler erklärt fälschlicherweise, der Wagen sei „besonderes Schnäppchen"; der Kaufpreis entspricht jedoch dem obj. Wert des Wagens → kein Vermögensschaden

Welche Fallgruppen wurden vom BGH entwickelt, in denen trotz Gleichwertigkeit von Leistung und Gegenleistung ein Vermögensschaden anzunehmen ist (individueller Schadenseinschlag)?

StrafR BT I: Karteikarte 41

Individueller Schadenseinschlag

D.h.: Aufgrund persönl. Gegebenheiten liegt trotz obj. Gleichwertigkeit von Leistung u. Gegenleistung ein Verm.schaden vor

(1)	Leistung ist für Erwerber obj. nicht brauchbar	**z.B.:** Verkauf einer Physik-Fachzeitschrift an einen Laien
(2)	Erwerber wird zu vermögensschädigenden Maßnahmen veranlasst	**z.B.:** Opfer muss Kredit zur Zahlung des Preises aufnehmen
(3)	Erwerber hat nicht mehr Mittel für angemessene Lebensführung	

(1) Von **h.M.** anerkannt, **str.** jedoch **(2)** und **(3)**; im Ergebnis Einzelfallbetrachtung entscheidend

Liegt ein Vermögensschaden vor, wenn ein „Bettler" vortäuscht, erblindet zu sein, und deshalb eine Spende erhält?

↳ StrafR BT I: Karteikarte 52

Problem: Hingabe der Spende erfolgt *immer* ohne Gegenleistung; darin allein kann nicht Vermögensschaden liegen, da sonst jeder erregte Irrtum zum Betrug führen würde

Daher: Der Spende steht als „Gegenwert" die Erreichung eines **sozialen Zweckes** gegenüber; wenn dieser nicht erreicht wird (wie im vorliegenden Fall), Vermögensschaden **(+)**

Hinweis: *Nicht jeder Motivirrtum* führt zum Vermögensschaden, sondern nur eine Verfehlung des der Leistung *obj.* innewohnenden Zwecks

Sind bei der im Rahmen der Ermittlung des Vermögensschadens vorzunehmenden Gesamtsaldierung auch Schadensersatz- oder sonstige Ausgleichsansprüche des Opfers gegen den Täter zu berücksichtigen?

Berücksichtigung von Schadensersatz- oder Ausgleichsansprüchen i.R.d. Ermittlung des Vermögensschadens?

(-), Ausgleichsansprüche gegen den Täter bleiben **unberücksichtigt** → denn es bestehen bei Täuschung stets SE-Ansprüche → § 263 StGB wäre **nie** gegeben

Gleiches gilt für Ansprüche des Opfers gg. Versicherungen: Eingehung von Versicherungsverhältnissen soll dem Täter nicht zugutekommen

Liegt ein Betrug vor, wenn der Täter durch Falschangaben gegenüber dem Richter eine nicht bestehende Forderung erfolgreich einklagt?

↳ StrafR BT I: Rn. 149

Prozessbetrug

Verfügung

- Stattgeben der Leistungsklage = für Beklagten unmittelbar vermögensmindernd, da Kläger vollstreckbaren Titel erhält → Vermögensverfügung durch Richter
- Geschädigter = Beklagter, daher Zurechnung d. Verfügung erforderlich (Dreiecksbetrug): (+) wegen hoheitl. Gewalt d. Gerichts (rechtl. Befugnis)

Vermögensschaden

(+), da Vermögen durch Vollstreckungsmöglichkeit des Täters hinreichend *konkret gefährdet und wirtschaftl. Mindestschaden bezifferbar*

→ § 263 (+)

Was ändert sich gegenüber KK 85, wenn die Forderung tatsächlich besteht (was der Täter auch weiß)?

↳ StrafR BT I: Rn. 149

Vermögensschaden

- **e.A.:** (+), da titulierte Forderung ggü. nur materiell-rechtlich bestehender Forderung wirtschaftl. nachteilig
- **h.M.:** (-), kein Vermögensnachteil, da nur maßgeblich, ob Forderung *überhaupt* besteht

Rwk. der erstrebten Ber.

Wenn Vermögensschaden bejaht wird: Rechtswidrigkeit der erstrebten Bereicherung (-), da Anspruch auf den erstrebten Vermögensvorteil besteht

→ § 263 (-)

Ist der Tatbestand des § 263 StGB erfüllt, wenn jemand durch Falschangaben eine staatliche Subvention erhält, die anderenfalls an einen Konkurrenten vergeben worden wäre?

↳ StrafR BT I: Rn. 166

Erschleichen einer Subvention

Problem: **Vermögensschaden**?

- *Vergabe* als Vermögensschaden: Irrtum **nicht kausal**, denn: Subvention wäre ohnehin vergeben worden
- aber gem. **Zweckverfehlungslehre** (wie beim „Bettler"-Fall): bestimmter Zweck als „Gegenwert"; hier nicht erreicht, da Täter Subventionsvoraussetzungen nicht erfüllt; insoweit kausaler Vermögensschaden (+)

→ § 263 **(+)** (beachten Sie auch § 264 als lex specialis)

Was ist unter dem Erfordernis der Stoffgleichheit zu verstehen?

↳ StrafR BT I: Karteikarte 53

Stoffgleichheit

= Beziehung zwischen erstrebtem Vermögensvorteil und eingetretenem Vermögensschaden

- erstrebter Vorteil muss „**Kehrseite**“ des Schadens sein
- Schaden und erstrebter Vorteil müssen sich auf **gleiche Vermögensmasse** beziehen
- Schaden und erstrebter Vorteil müssen durch **dieselbe Verfügungshandlung** vermittelt werden

Liegt ein Betrug vor, wenn ein Vertreter an einen Laien durch Täuschung ein für diesen völlig unbrauchbares Fachmagazin-Abonnement verkauft, um von dem vertretenen Unternehmen eine Provision zu erhalten?

↳ StrafR BT I: Karteikarte 53

§ 263 gegenüber Laien: Verkauf des Abonnements

- Eigennütziger Betrug: Täter will sich um **Provision** bereichern; diese ist aber *nicht stoffgleich* mit Schaden des Laien: unterschiedliche Verfügungshandlungen bzw. unterschiedl. Vermögensmassen! → (-)
- Fremdnütziger Betrug: Täter will dem Unternehmen Vorteil verschaffen; Stoffgleichheit mit Schaden des Laien (+)

§ 263 gegenüber Unternehmen: Erhalt der Provision

(+), wenn Täter über Ordnungsmäßigkeit d. Verkaufs täuscht; Vorteil und Schaden bzgl. Provision insoweit stoffgleich; § 263 (+)

Inwiefern unterscheidet sich der Tatbestand des § 263a StGB von dem des § 263 StGB?

↳ StrafR BT I: Rn. 175

§ 263a und § 263

§ 263a wurde § 263 nachgebildet → bei Computerbetrug kein **Mensch** als Gegenüber, sondern Datenverarbeitungssystem

- Im **obj. TB** zu prüfen:
  (1) Eine der genannten Tathandlungen (4 Varianten)
  (2) Beeinflussung des Ergebnisses eines DV-vorganges
  (3) Dadurch Vermögensschaden
  (denn: Täuschung, Irrtum, Vermögensverfügung bei Datenverarbeitungssystem nicht möglich)
- **Subj. TB** genau wie bei § 263

Wann ist eine Verwendung von Daten unbefugt i.S.d. § 263a I Var. 3 StGB?

Computerbetrug, § 263a StGB

↳ StrafR BT I: Rn. 177

Unbefugte Datenverwendung

Subjektivierende Auffassung	Computerspezifische Auffassung	Betrugsspezifische Auffassung
Auf tatsächl. bzw. mutmaßl. Willen des betroffenen Vermögensträgers abzustellen **Kritik:** Strafbarkeit hinge von dessen Willen ab; bei Betrug gerade nicht anerkannt	Verwendete Daten müssen „computerspezifisch" unbefugt verwendet werden **Kritik:** Wegen Unbestimmtheit dieses Begriffs mit Art. 103 II GG schwer vereinbar	Verwendungshandlung muss „täuschungsgleich" sein (h.M.); **Kontrollfrage:** Stünde dem Täter ein Mensch gegenüber, läge dann eine konkludente Täuschung vor?

Ist § 263a StGB zu bejahen, wenn der Täter eine ec-Karte entwendet und mit der dazugehörigen PIN-Nummer am Geldautomaten 500 € abhebt?

Computerbetrug, § 263a StGB

↳ StrafR BT I: Karteikarte 55

Benutzung der ec-Karte am Geldautomaten = Datenverwendung → fraglich jedoch, ob „**unbefugt**“ i.S.d. § 263a I Var. 3

Betrugsspezifische Auslegung

Täuschungsgleiche Handlung? Ggü. Mensch konkl. Erklärung: „Ich bin Berechtigter“ → Täuschung (+), daher auch unbefugte Verwendung (+)

Subjektivierende Auslegung

Ebenfalls unbefugt (+), da Wille der Bank = Auszahlung nur an Berechtigte → unbefugte Verwendung (+)

→ nach beiden Auffassungen § 263a StGB (+)

Was ändert sich gegenüber KK 92, wenn der Täter vom Berechtigten zum Abheben von 500 € beauftragt wurde, aber abredewidrig 1.000 € abhebt?

Computerbetrug, § 263a StGB

↳ StrafR BT I: Rn. 182

Benutzung der ec-Karte am Geldautomaten = Datenverwendung

↓

Problem:
Datenverwendung **unbefugt** i.S.d. § 263a I Var. 3?

→

Wille der Bank: Entscheidend nur, ob Täter zum Abheben *überhaupt* berechtigt, Innenverhältnis interessiert Bank nicht
→ sowohl nach **subj.** Auslegung als auch nach **betrugsspez.** Auslegung unbefugt (-)

Liegt in der Konstellation nach KK 92 ein Diebstahl bzw. eine Unterschlagung an den erhaltenen Geldscheinen vor?

Computerbetrug, § 263a StGB

↳ StrafR BT I: Karteikarte 56

§ 242 I?

- Evtl. Wegnahme (-) wg. tatbestandsausschließenden Einverständnisses der Bank
- Einverständnis (+), wenn Automat äußerlich ordnungsgemäß bedient wurde; hier (+), daher Wegnahme (-), § 242 I (-)

§ 246 I?

- Setzt Fremdheit im Zeitpunkt der Zueignung voraus; evtl. (-), da Geldscheine an Täter **übereignet** wurden
- **e.A.:** Übereignung (+), Erklärungen der Bank genauso auszulegen wie bei TB-ausschließendem Einverständnis; § 246 I (-)
- **a.A.:** Übereignung (-), dingl. Einigung der Bank *bedingt*; nur Übereignung an Karteninhaber, hier daher Übereignung (-), § 246 I (+)

Liegt bei unsachgemäßer Bedienung eines Warenautomaten (z.B.: Einwurf von Falschmünzen) eine Strafbarkeit nach § 265a StGB vor?

↳ StrafR BT I: Karteikarte 57

§ 265a bei Warenautomaten?

- **Übereignung** der Waren steht unter **3-facher Bedingung**: Automat funktioniert, Ware vorrätig und sachgemäß bedient; letzteres hier (-), daher Sache weiterhin **fremd**
- bei äußerlich unsachgemäßer Bedienung Einverständnis (-); hier der Fall wg. Einwurf von Falschgeld → **§ 242 I an der Ware (+)**

h.M.	**a.A.**
§ 265a daher bei Warenautomaten schon *tatbestandlich* (-), da immer § 242 I bzgl. Ware vorliegt	§ 265a auch auf Warenautomaten anwendbar; allerdings tritt § 265a infolge *gesetzl. Subsidiarität* hinter § 242 I zurück

Liegt eine Strafbarkeit nach § 265a StGB vor, wenn T in einen Bus steigt und dabei ein Schild mit der Aufschrift „Demonstriert gegen die hohen Fahrpreise! Ich fahre schwarz!“ mit sich führt?

↳ StrafR BT I: Rn. 186

Auslegung des Merkmals „Erschleichen“ str.

e.A.:	**h.M.:**
Jedes unbefugte Erreichen der Leistung bzw. Beförderung genügt	• Umgehung von Kontrollen bzw. Überwinden von Zugangshürden • Ausn. bei Beförderungserschleichung (Var.3): hier Erwecken des Anscheins der Ordnungsmäßigkeit ausreichend

Wichtig: bei offen demonstrativem Verhalten str.; es muss eindeutig sein, dass kein Wille besteht, Beförderungsbedingungen zu erfüllen → wenn dies der Fall ist, kommt aber § 123 I in Betracht

Hat sich durch die Neufassung des § 265 StGB die Beurteilung der Frage, ob ein Versicherungsanspruch besteht, erübrigt?

Versicherungsmissbrauch, § 265 StGB

↳ StrafR BT I: Rn. 184 ff.

§ 265 a.F.	§ 265 n.F.
forderte eine **„betrügerische Absicht“**, d.h. v.a. Absicht *rechtswidriger* Bereicherung → Es war zu prüfen, ob VNehmer Anspruch auf Versicherungsleistung hat	Betrügerische Absicht nicht mehr erforderlich; auf Versicherungsanspruch kommt es **nicht** an
Nach VVG (-), wenn Versicherungsfall durch Versicherungsnehmer schuldhaft herbeigeführt; ebenso nach h.M. für **„Repräsentanten“** des Versicherungsnehmers	Anders bei *§ 263*: Hier ist **Rechtswidrigkeit** des erstrebten Vermögensvorteils erforderlich → An *dieser* Stelle ist etwaiger Versicherungsanspruch zwingend zu prüfen

Warum ist das Verhältnis von Raub (§ 249 StGB) und räuberischer Erpressung (§§ 253, 255 StGB) problematisch?

Erpressung, § 253 StGB

↳ StrafR BT I: Rn. 200

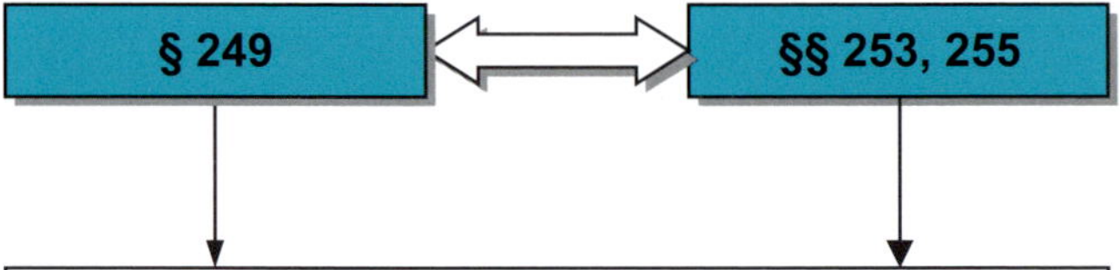

Problem: Täter des § 249 nötigt Opfer zugleich zur Duldung der Wegnahme → Wenn § 249 verwirklicht, wäre dann eigentlich immer auch §§ 253, 255 zu bejahen

Welche Ansichten werden zu dem Verhältnis von Raub und räuberischer Erpressung vertreten?

Erpressung, § 253 StGB

↳ StrafR BT I: Karteikarte 60

§ 249 ⇔ **§§ 253, 255**

Rspr.

Raub ist gegenüber räuberischer Erpressung **lex specialis**

⇓

Raub enthält immer auch eine Nötigung zur Duldung der Wegnahme → §§ 253, 255 ist insoweit der GrundTB zu § 249

h.L.

Delikte stehen in einem **Alternativverhältnis**

⇓

- §§ 253, 255 = wie § 263 **Selbstschädigungsdelikt**; Abgrenzungsmerkmal zu § 249 ist daher das Vorliegen einer *Vermögensverfügung*
- Anderenfalls würde der GrundTB (§§ 253, 255) auf den QualifikationsTB (§ 249) verweisen

Wie ist in Konsequenz dieser beiden Auffassungen die Abgrenzung zwischen Raub und räuberischer Erpressung im Einzelfall vorzunehmen?

Erpressung, § 253 StGB

↳ StrafR BT I: Karteikarte 60

Rspr.

Abgrenzung hat nach dem äußeren Erscheinungsbild zu erfolgen, wenn beide Tatbestände verwirklicht sind

Folge: Bei äußerem Nehmen liegt **Wegnahme** (**§ 249**), bei äußerem Geben **Weggabe** (**§§ 253, 255**) vor

↔

h.L.

Abgrenzung nach innerer Willensrichtung des Opfers: Liegt Vermögensverfügung vor?

- VermVerf. (+), wenn Opfer davon ausgeht, dass Täter auf seine Mithilfe angewiesen ist („Schlüsselposition") → **§§ 253, 255**
- VermVerf. (-), wenn Opfer davon ausgeht, dass Täter auch ohne seine Mithilfe Vermögensvorteil erlangen wird → **§ 249**

Liegt Raub oder räuberische Erpressung vor, wenn das Opfer infolge der Bedrohung mit einer Schusswaffe dem Täter seine Geldbörse herausgibt?

Erpressung, § 253 StGB

↳ StrafR BT I: Rn. 201

Rspr. ⇔ **h.L.**

Rspr.:

Nach äußerlichem Erscheinungsbild Weggabe, nicht Wegnahme

→ **§§ 253, 255**, 250 II Nr. 1 (§ 249 wird verdrängt)

h.L.:

Innere Willensrichtung des Opfers: Dieses hält eigene Mitwirkung für entbehrlich, da Täter die Geldbörse auch selbst an sich nehmen könnte

→ **§§ 249**, 250 II Nr. 1 (§§ 253, 255 tatbestandlich (-))

Wie ist der Täter nach den §§ 249 ff. StGB zu bestrafen, wenn er das Opfer niederschlägt, um mit dessen PKW eine Spazierfahrt zu unternehmen, und den PKW danach wie geplant dem Opfer zurückbringt?

Erpressung, § 253 StGB

↳ StrafR BT I: Karteikarte 61

h.L.

- Nach innerer Willensrichtung des Opfers keine Vermögensverfügung, daher käme nur § 249 in Betracht (**Wegnahme**)
- Aber bzgl. PKW Zueignungsabsicht (-): kein Vorsatz bzgl. dauerhafter Enteignung → **§ 249** (-)
- **§§ 253, 255** mangels Vermögensverfügung (-)
  → Strafbarkeit (nur) nach **§§ 248b, 223, 240, 52**

Rspr.

- Nach äußerl. Erscheinungsbild *Wegnahme*, **§ 249** aber mangels Zueignungsabsicht (-)
- Nach Rspr. § 249 lex specialis zu §§ 253, 255. Diese sind hier erfüllt, insbesondere Bereicherungsabsicht bezügl. der Nutzungsmöglichkeit (+) → Strafbarkeit nach **§§ 253, 255, 248b, 223, 52** (+)

Stellen Sie – unter Zugrundelegung der h.L. – den Prüfungsaufbau der räuberischen Erpressung dar!

Erpressung, § 253 StGB

↳ StrafR BT I: Rn. 198

Räub. Erpressung, §§ 253, 255

(1)	**Obj. TB**
(a)	Nötigungshandlung → Gewalt gg. Person bzw. Drohung mit ggw. Gefahr für Leib oder Leben
(b)	Nötigungserfolg u. Verm.Verf.
(c)	Vermögensschaden
(2)	**Subj. TB**
(a)	Vorsatz
(b)	Bereicherungsabsicht
(c)	Rwk. der beabs. Bereicherung
(d)	Stoffgleichheit
(e)	Vorsatz bzgl. **(c)** und **(d)**

(2)(a)–(e): Wie bei § 263

Ist § 250 II Nr. 1 StGB einschlägig, wenn der Täter bei einem Banküberfall damit droht, den nächsten das Bankgebäude betretenden Kunden zu erschießen, und sich außer dem Täter nur zwei Angestellte hinter einer schusssicheren Scheibe im Bankgebäude aufhalten?

Erpressung, § 253 StGB

↳ Life&LAW 1999: S. 265 ff.

- Drohung: In-Aussicht-gestelltes **Übel** = Erschießen eines Kunden, das der Angestellte mit ansehen muss → (+)
- §§ 253, 255, *nicht* § 249, da *Weggabe* (**BGH**) bzw. Vermögensverfügung (**Lit.**)
- **Problem:** § 250 II Nr. 1, obwohl keine objektiv gefährliche Situation?

↓

Strafschärfend zwar *abstrakte* Gefährlichkeit; § 250 II Nr. 1 aber (-), wenn konkrete Gefahrsituation von vorneherein **ausgeschlossen**

→ § 250 II Nr. 1 (-) bezügl. der beiden Angestellten

→ Aber: jederzeit könnte Kunde das Bankgebäude betreten, deshalb hier § 250 II Nr. 1 (+)

T behauptet gegenüber O wahrheitswidrig, er habe kompromittierende Fotos von ihm und seiner Geliebten im Besitz; O zahlt daraufhin 1 Mio. € an T. Ist T nach § 263 StGB oder § 253 StGB zu bestrafen?

↳ StrafR BT I: Rn. 197

Problem: T täuscht über Möglichkeit der Verwirklichung der Drohung
- TB-Merkmale des **§ 263** liegen vor
- ebenso **§ 253** verwirklicht (auf Realisierbarkeit der Drohung kommt es nicht an, vgl. KK Nr. 46) → **Konkurrenzverhältnis?**

h.M.: Wenn Täuschung die Drohung lediglich verstärkt hat, Bestrafung **nur** nach **§ 253**; Begründung jedoch str.:

e.A.

Betrug sei *tatbestandlich* schon nicht gegeben
Arg.: § 263 setze *unbewusste* Selbstschädigung voraus; an einer solchen fehle es hier aber

a.A.

Betrug trete erst auf *Konkurrenzebene* hinter § 253 zurück
Arg.: Zahlung hatte sozialen Zweck (= Hinderung des T, Fotos weiterzuleiten etc.); um diesen wurde O betrogen; insoweit Selbstschädigung unbewusst

Sind Hilfeleistungen im Zeitraum zwischen Vollendung und materieller Beendigung eines Diebstahls als Beihilfe oder als Begünstigung zu bewerten?

Hilfeleistung zw. Vollendung und Beendigung

In diesem Stadium Beihilfe *überhaupt* möglich (sukzessive Beihilfe)?

- **e.A.:** Art. 103 II GG zwingt dazu, auch Strafbarkeit wg. Beihilfe an den gesetzl. Tatbestand zu knüpfen; da in diesem (z.B. § 242) nur *Vollendung*, nicht aber *Beendigung* beschrieben → keine Beihilfe nach Vollendung mehr möglich
- **h.M.:** Beihilfe möglich; „Tat" i.S.d. § 27 meint Zeitraum bis zur materiellen Beendigung der Tat

Wie sind sukzessive Beihilfe und Begünstigung i.S.d. § 257 abzugrenzen?

- **e.A.:** Täter **nur** wg. **Beihilfe** zu bestrafen
- **Rspr.:** Innere Willensrichtung maßgeblich; wenn Täter überhaupt erst ermöglichen will, dass Täter mit der Tat Erfolg hat → **Beihilfe** zur Vortat
Will Täter *bereits bestehenden* Vorteil sichern → **Begünstigung**

Was ist unter „Hilfeleisten" i.S.d. § 257 StGB zu verstehen?

StrafR BT I: Karteikarte 64

Hilfeleisten

= Handlung, die *geeignet* ist, den Vortäter gegen *Entziehung* der Vorteile zugunsten des *Verletzten* zu sichern

z.B.: Verstecken der Beute; Falschangaben über Aufenthaltsort des Täters; Füttern des gestohlenen Tieres: (-), da hierdurch nicht Sicherung **gegen Entziehung** zugunsten des Verletzten erfolgt

Beachten Sie: Sicherungs*erfolg* muss nicht eintreten; erforderlich nur, dass die Handlung zur Erreichung desselben **obj. geeignet** ist

M hat von V ein Buch geliehen; er bietet es dem (bösgläubigen) X zum Kauf an, der es für 150 € erwirbt und mitnimmt. Strafbarkeit des X nach § 259 StGB?

Hehlerei, § 259 StGB

↬ StrafR BT I: Karteikarte 65

Problem: Liegt taugliche Vortat vor?

e.A.	a.A.	h.M.
Vortat (hier § 246) muss **nicht vollendet** sein; ausreichend, wenn Vortat = Verfügung zugunsten des Hehlers	Vortat muss ***beendet*** sein → Gegenarg.: kein Anhaltspunkt hierfür im Wortlaut	Vortat muss ***vollendet*** sein → Hierfür spricht der Wortlaut („erlangt **hat**“)

Beachten Sie: Bereits im ZP des Kauf*angebots* hat sich Zueignungswille des M manifestiert, daher im ZP der Hehlereihandlung § 246 bereits vollendet → **§ 259 (+)**, zwischen 1. Ansicht und h.M. muss Streit nicht entschieden werden

Wann liegt ein „sich verschaffen“ i.S.d. § 259 StGB vor?

StrafR BT I: Rn. 219

„Sich-Verschaffen“ i.S.v. § 259

(1) Erlangung **eigentümerähnlicher Verfügungsgewalt**
(Eigenbesitz muss begründet werden; (-) bei Miete od. Verwahrung)

(2) im **Einvernehmen** mit dem Vortäter
(vgl. nächste KK)

Handelt es sich um ein „Sich-Verschaffen" i.S.v. § 259 StGB, wenn der Täter durch Drohung mit Gewalt gegenüber dem Vortäter in den Besitz der Sache gelangt?

↳ StrafR BT I: Karteikarte 68

Sich-Verschaffen setzt abgeleiteten, *einvernehmlichen* Erwerb voraus → fraglich, ob bei Nötigung gegeben

Gesetzgeberisches Motiv bei § 259: Hehler ermöglicht dem Vortäter *gefahrlose Verwertung* der Beute; dies schafft Anreiz zu weiteren Straftaten

→ Dies aber bei Abnötigen der Sache (-), da dem Vortäter keine Absatzmöglichkeit geschaffen wird

Strittig ist, ob das zur Erfüllung des TB erforderliche, einvernehmliche Handeln zwischen Vortäter und Hehler auch in Fällen vorliegt, in denen das Einverständnis des Vortäters auf einer Täuschung beruht
→ nach BGH (+), da auch hier Strafgrund erfüllt ist (= Perpetuierung einer rechtswidrigen Vermögenslage (+))

Was ist unter „Absetzen“ i.S.d. § 259 StGB zu verstehen?
Bedarf es hierbei eines „Absatzerfolgs“?

↳ StrafR BT I: Karteikarte 69

Absetzen

= Verwertung der Sache im Fremdinteresse (des Vortäters)
str., ob dabei **Absatzerfolg** erforderlich

h.L. u. BGH

Wortlaut und Telos lassen auf **Erforderlichkeit** des Absatzerfolgs schließen

Frühere Rspr.

Wg. § 259 a.F. („Mitwirken am Absatz"): Absatzerfolg nicht erforderlich

z.B. muss es beim Verkauf zur Übergabe des Objekts gekommen sein, bloßes Verkaufsangebot genügt nicht

Aber: Handlung muss zumindest geeignet sein, Absatzerfolg herbeizuführen → (-) bei Verkaufsangebot an verdeckten Ermittler

Warum bedarf es der gesonderten Erwähnung der Absatzhilfe in § 259 StGB?

↳ StrafR BT I: Rn. 222

Absatzhilfe

Beihilfe zum Absatz ist als **Beihilfe zur Hehlerei** bereits nach §§ 259, 27 strafbar

⇩

„Absatzhilfe" soll Strafbarkeitslücken schließen; dies ist dann der Fall, wenn **Vortäter selbst absetzt**; **Arg.:** Absetzen durch Vortäter nicht nach § 259 strafbar, da dieser kein tauglicher Täter (**Wortlaut:** „ein *anderer* gestohlen") → dann auch § 27 (-)

T stiehlt den PKW des O und veräußert ihn an den gutgläubigen X für 5.000 €. Einen der zehn 500 €-Scheine schenkt er seiner Freundin F, die von der Herkunft des Geldes weiß. Strafbarkeit der F nach § 259 StGB?

↳ StrafR BT I: Rn. 222

Problem: Hehlerei an Surrogaten?

⇩

Wortlaut des § 259 I zu beachten: „Gehehlte" Sache muss dieselbe Sache sein, die durch rw. Vortat erlangt wurde
→ **Keine Ersatzhehlerei möglich**

↓

- Geldschein wurde nicht aus dem *Diebstahl* erlangt
- **Aber:** Betrug zum Nachteil des X, da dieser wg. § 935 I S. 1 BGB nicht Eigentümer des gestohlenen PKW werden konnte → aus dieser Vortat wurde Geldschein erlangt, taugliches Tatobjekt der Hehlerei (+)

Kann der Täter der Vortat Teilnehmer an der Hehlerei sein?
Kann ein Teilnehmer der Vortat Täter der Hehlerei sein?

↬ StrafR BT I: Rn. 215 f.

Täter der Vortat

Täter der Vortat kann **nicht** auch Hehler sein („ein *anderer* ... gestohlen ... hat“)
Aber: Er kann Teilnehmer an der Hehlerei eines anderen sein → Teilnahme an Hehlerei tritt grds. als mitbestrafte Nachtat hinter Vortat zurück

Teilnehmer der Vortat

Teilnehmer der Vortat = tauglicher Täter (ein „anderer“)?

- **h.M.:** Teilnehmer der Vortat kann Täter der Hehlerei sein, auch bei Teilnahme bleibt Vortat die Tat eines „anderen“
- **a.A.:** Teilnehmer dann nicht der Hehlerei schuldig, wenn Beute gemäß vorheriger Absprache verteilt wird; **Arg.:** Die Beuteverteilung soll nicht eine zusätzliche Strafbarkeit nach § 259 begründen, Unrecht ist von Strafbarkeit wegen Teilnahme an Vortat bereits hinreichend erfasst

Ist § 259 StGB einschlägig, wenn jemand eine gestohlene Sache allein deshalb verkauft, um dem Vortäter einen Vermögensvorteil zu verschaffen?

↳ StrafR BT I: Rn. 223

Bereicherungsabsicht: Zugunsten des Vortäters?

↓

- Gesetz nennt den Hehler („Wer...") und den Vortäter („ein anderer") → mit dem „Dritten" kann der Vortäter daher nicht gemeint sein (Wortlautargument)
- Unterstützung des Vortäters: hierfür existiert **§ 257**

↓

Nach BGH in diesen Fällen „Dritt"-Bereicherungsabsicht (-)

Unter welchen Voraussetzungen liegt ein Missbrauch i.S.d. § 266 I Alt. 1 StGB vor?

↳ StrafR BT I: Karteikarte 70

Missbrauch
§ 266 I Alt. 1

(1) Überschreiten des rechtlichen Dürfens (Innenverhältnis)
(2) im Rahmen des rechtlichen Könnens (Außenverhältnis)

Wichtig:

- nur bei **rechtsgeschäftlichen** Handlungen, da nur in diesen Fällen Missbrauch der Verpflichtungs- / Verfügungsbefugnis möglich (h.L.)
- Handlung muss **rechtswirksam** sein, nicht also in Fällen von Kollusion (§ 138 BGB) bzw. Evidenz (§ 177 I BGB)

Für welche Alternative(n) des § 266 I StGB ist eine Vermögensbetreuungspflicht erforderlich? Was ist hierunter zu verstehen?

StrafR BT I: Karteikarte 71

Vermögensbetreuungspflicht

§ 266 I a.E.: „dessen Vermögensinteressen er zu betreuen hat"

e.A.	h.M.
Gilt nur für Alt. 2 (Treubruchsalternative), da Missbrauchsalternative schon hinreichend bestimmt genug	Gilt auch für Alt. 1 (Missbrauchsalternative); so Begrenzung des Anwendungsbereichs. Missbrauch = *Spezialfall d. Treubruchs (Alt. 1)*

Merkmale einer Vermögensbetreuungspflicht (kraft Vertrags):

- Aufgabenkreis von **einigem Gewicht** und Vermögensbetreuung **Hauptpflicht**
- Gewisser Grad an **eigenständigem Entscheidungsspielraum** (**z.B.** (-): Erklärungsbote, **z.B.** (+) bei Geschäftsführer, Insolvenzverwalter)

Welche Strafbarkeitslücke soll durch die Einführung des § 266b StGB geschlossen werden?

↳ StrafR BT I: Rn. 240, 232

Zweck des § 266b

Problem: Durch Verwendung von Scheck- / Kreditkarten kann der Inhaber den Aussteller **zu Zahlungen veranlassen**, obwohl er Karte im Innenverhältnis nicht hätte verwenden *dürfen*
→ In der Regel bestehen Garantiebeziehungen zwischen dem Aussteller (z.B. Bank) und dem Dritten, dem die Karte als Zahlungsmittel vorgelegt wurde (z.B.: Geschäftsinhaber)

- § 263 (-), da Dritter nicht getäuscht wird: Dritter erhält sein Geld kraft Garantie, auf mehr kommt es ihm nicht an
- § 266 (-), da Inhaber keine Vermögensbetreuungspflicht ggü. Bank hat

→ Zur Schließung dieser Lücke wurde § 266b eingeführt

Ist § 266b StGB auch im sog. „Zwei-Personen-Verhältnis“ anwendbar?

↳ StrafR BT I: Karteikarte 74

§ 266b im Zwei-Personen-Verhältnis?

§ 266b grds. auf Drei-Personen-Verhältnis ausgerichtet: Inhaber veranlasst Aussteller, an Dritten zu zahlen; Geltung im Zwei-Personen-Verhältnis fraglich

→ **z.B.:** Kundenkarte im Kaufhaus; Geldkarte bei Verwendung gegenüber der Hausbank

e.A.	ganz h.M.
§ 266b (+): Veranlassung zu einer Zahlung ist auch im Zwei-Personen-Verhältnis gegeben, **Wortlaut** setze nicht mehr voraus	§ 266b (-): Unrechtsgehalt = Ausnutzen der **Garantiefunktion** der Karte; diese ist nur im 3-Personen-Verhältnis gegeben; zudem: im 2-Personen-Verhältnis in der Regel § 263 (+)

In welchem Verhältnis stehen Mord (§ 211 StGB) und Totschlag (§ 212 StGB) zueinander? Schildern Sie auch die praktische Relevanz des Meinungsstreits!

↳ Basics StrafR: Rn. 269; StrafR BT II: Karteikarte 1

Mord, § 211 ⇔ **Totschlag, § 212**

Rechtsprechung	Literatur
Mord = **selbständiges** Delikt; Alternativverhältnis zwischen § 211 und § 212	Mord = **Qualifikation** zu § 212

Praktische Auswirkungen des Meinungsstreites

- **Aufbau**: Nur wenn mit h.L. § 211 als Qualifikation des § 212 verstanden wird, kann eine *gemeinsame* Prüfung von §§ 212, 211 erfolgen

- **§ 28**: Nach Rspr. sind 1. und 3. Gruppe des § 211 II straf*begründende* persönliche Merkmale → **§ 28 I**; nach Lit. straf*schärfend* → **§ 28 II**

Wann beginnt, wann endet das Leben eines Menschen i.S.d. §§ 211 ff. StGB?

Welche Vorschriften sind anzuwenden, wenn der Täter vor der Geburt Abtreibungshandlungen vornimmt, die dazu führen, dass das Kind lebensunfähig geboren wird und kurz nach der Geburt verstirbt?

↳ StrafR BT II: Karteikarte 2, Rn. 7

Beginn des Lebens

§§ 218 ff.

Mit dem Einsetzen der **Eröffnungswehen** (bzw. des die Eröffnungsperiode ersetzenden ärztl. Eingriffs)

§§ 211 ff.

Ende des Lebens

§ 168

Maßgebl. ZP = **Hirntod** (= irreparabler Funktionsausfall d. Gesamthirns)

Abgrenzung §§ 211 ff. / §§ 218 ff.: Auf welchen **Zeitpunkt** ist abzustellen?

h.M.: Maßgeblich ist Zeitpunkt, in dem auf das Tatobjekt schädigend **eingewirkt** wird → Hier: *vor* Beginn der Eröffnungswehen, damit vor Beginn des menschl. Lebens → nur **§§ 218 ff.** anwendbar, vgl. § 8

Zwischen welchen beiden Beteiligungsformen ist abzugrenzen, wenn jemand an der Selbsttötung eines anderen mitwirkt?

StrafR BT II: Rn. 10 ff.

Beteiligung an Selbsttötung eines anderen

Teilnahme an Selbsttötung

Anstiftung (§ 26), Beihilfe (§ 27) zu Selbsttötung **nicht strafbar**, da keine rechtswidrige Haupttat

§ 217 verfassungswidrig, da Selbstbestimmungsrecht zu sehr eingeschränkt wird

Tötung in mittelbarer Täterschaft

Täter setzt das Opfer als Werkzeug gegen sich selbst ein, § 25 I Alt. 2

= täterschaftliche *Fremd*tötung, **strafbar**

Wie ist die Abgrenzung bei den Fällen der Beteiligung eines Dritten an einer Selbsttötung vorzunehmen?

↳ StrafR BT II: Karteikarte 3

Abgrenzung ähnlich wie zwischen **Täterschaft** und **Teilnahme** durchzuführen

M.M.: **Subjektive Theorie**:
Nach dem Willen des Täters (animus auctoris / animus socii)

h.M.: **Tatherrschaftslehre**:
Täter ist, wer den tbmäßigen Geschehensablauf beherrscht

Maßgebliches Kriterium für Tatherrschaft =
Freiverantwortlichkeit des Tötungsentschlusses des Suizidenten
→ Kriterien der Einwilligungslehre sinnentsprechend anwendbar:

- **Einsichtsfähigkeit** des Suizidenten
- Suizident **frei von wesentlichen Willensmängeln**; klausurrelevant: Täter täuscht Opfer: „Du hast Krebs und nur noch 1 Jahr zu leben“
→ Selbsttötung nicht freiverantwortlich, mittelbare Täterschaft mögl.)

Ist ein Garant nach §§ 212, 13 StGB zu bestrafen, wenn er die Selbsttötung einer Person, gegenüber der er garantenpflichtig ist, nicht verhindert?

StrafR BT II: Rn. 15

Unterlassungstäterschaft bei Selbsttötung

e.A.	h.M.
Wenn Suizident *bewusstlos* wird, erhält der (anwesende) Garant Tatherrschaft → Wenn er Todeseintritt nicht verhindert: **strafbar** wg. §§ 212, 13 **Kritik:** Der Garant könnte dem Suizidenten straflos den Strick reichen, müsste ihn dann aber wieder vom Strick befreien, wenn er bewusstlos ist.	Wenn Tötungsentschluss freiverantwortlich gefasst → keine Handlungspflicht des Garanten, da Tatherrschaft (-) → Garant **straflos** **Überzeugt**, da sonst Wertungswiderspruch; jetzt **auch BGH**: Garantenstellung des Arztes für das Leben seines Patienten endet, wenn er vereinbarungsgemäß nur noch dessen freiverantwortlichen Suizid begleitet.

Was ist unter aktiver Sterbehilfe zu verstehen?
Ist eine solche strafbar?

↳ StrafR BT II: Karteikarte 5

Aktive Sterbehilfe

= Lebensverkürzung durch aktives Tun ggü. sterbenden/kranken Menschen

Grds. unzulässig, d.h. strafbar nach § 212 bzw. § 216

- Kausalität (+), auch wenn Tod später eingetreten wäre
- Mögl. Einwilligung des Opfers grds. unbeachtlich, vgl. Wertung des § 216

Ausnahmsweise straflos

Einwilligung möglich, wenn sog. **„Behandlungsabbruch“** mit Wille des Betroffenen (z.B. bei wirksamer Patientenverfügung)

Sog. **„indirekte“ Sterbehilfe**: Handlung dient der Schmerzlinderung, die Lebensverkürzung ist bloße *unbeabsichtigte* Nebenfolge

Ist ein Arzt nach §§ 212, 13 StGB zu bestrafen, wenn er die Behandlung eines Patienten, bei dem der Sterbeprozess bereits eingesetzt hat, nicht weiter fortsetzt, um ihm ein menschenwürdiges Sterben zu ermöglichen?

↳ StrafR BT II: Rn. 29

Sterbehilfe durch Sterben*lassen* (Unterlassen)
= sog. passive Sterbehilfe → grds. wäre §§ 212, 13 erfüllt

h.M.: Bemüht sich um Lösung außerhalb des Gesetzes wegen Recht des Patienten auf menschenwürdiges Sterben, Art. 1 und 2 GG

Deshalb §§ 212, 13 durch den Arzt (-), wenn
(1) Sterbeprozess bereits eingesetzt hat und
(2) Behandlungsabbruch dem tatsächlichen bzw. mutmaßlichen Patientenwillen entspricht

Begründung allerdings str.:

- **e.A.:** Garantenstellung (-), **a.A.:** § 34 analog, **a.A.:** Vorsatz (-)
- **wohl h.M.:** obj. TB (-), da Verhalten nicht sozialem Gehalt einer Tötungshandlung entspricht

Ist passive Sterbehilfe durch den behandelnden Arzt zulässig, wenn zwar der Sterbeprozess noch nicht eingesetzt hat, der Patient aber infolge einer irreparablen Schwerstschädigung bewusstlos ist?

↳ StrafR BT II: Rn. 30 ff.

Irreparable Schwerstschädigung

↓

Seit BGHSt 40, 257 Grundsätze der passiven Sterbehilfe (vgl. vorige KK) auch anwendbar, wenn Sterbeprozess nicht eingesetzt hat, aber eine **irreparable Schwerstschädigung** vorliegt

⇩

Wichtig: An Vorliegen der (i.d.R. mutmaßlichen) Einwilligung sind **hohe Anforderungen** zu stellen
z.B. nicht ausreichend, dass Patient anlässlich eines Fernsehberichts über Schwerkranke geäußert hat, „so wolle er nicht sterben“

Handelt es sich um aktive oder passive Sterbehilfe, wenn lebenserhaltende Geräte abgestellt werden?

↳ Basics StrafR: Rn. 221

Problem = Abgrenzung von pos. Tun und Unterlassen

Rspr. früher: Auf normativen Sinngehalt der Handlung abzustellen

Für behandelnden Arzt: Unterlassen weiterer Hilfe
→ Unterlassen
Für Dritte: Eingriff in Rettungsbemühung des Arztes
→ Tun

Rspr. heute: Keine sachgerechte Abgrenzung möglich

Aufgrund der **Wertung von § 1901a BGB** kommt Patientenwillen eine gesteigerte Bedeutung zu
Bei Sonderfall des sog. „Behandlungsabbruchs“ kommt eine Einwilligung und damit Straflosigkeit in Betracht

Was sind die Voraussetzungen für den sog. „Behandlungsabbruch“, welcher zu einer rechtfertigenden Einwilligung führt?

↳ StrafR BT II: Rn. 29 ff.

Rechtfertigende Einwilligung möglich, wenn sog. „Behandlungsabbruch“

Voraussetzungen hierfür:

- Betroffene Person lebensbedrohlich erkrankt
- Konkrete Behandlung zur Lebensverlängerung geeignet
- Handlung muss darauf beschränkt sein, dem Krankheitsprozess „seinen Lauf zu lassen“
- Behandlungsabbruch erfolgt mit (vermutetem) Willen des Betroffenen
- Soweit Patientenverfügung vorliegt: Wahrung der Anforderungen des § 1901a BGB

Wie macht sich ein Täter nach den §§ 211 ff. StGB strafbar, wenn er zur Tötung durch das Opfer aufgefordert wurde und dabei (wie besprochen) ein gemeingefährliches Mittel verwendet?

↳ StrafR BT II: Rn. 40

Tötung mit gemeingefährlichen Mitteln

→ § 211 II Gr. 2 Var. 3

⟷

Aufforderung durch das Opfer

→ § 216

↓

Damit wären nach h.L. die Voraussetzungen sowohl einer Qualifikation (§ 211) als auch einer Privilegierung (§ 216) zu § 212 erfüllt. Zugunsten des Täters ist *nur* nach der Privilegierung zu bestrafen (§ 216)

⇩

Sound: „Sperrwirkung der Privilegierung“

Wie wird in Fällen, in denen die hohe Strafdrohung des § 211 StGB unangemessen erscheint, versucht, die Anwendung der Vorschrift einzuschränken?

StrafR BT II: Karteikarte 6

	Restriktive Handhabung des § 211 StGB
e.A.	Lehre von der Typenkorrektur • Positive Typenkorrektur: zusätzlich muss besondere Verwerflichkeit der Tötung festgestellt werden • Negative Typenkorrektur: bes. Verwerflichkeit wird vermutet Dagegen: Mordmerkmale sind keine Regelbeispiele
a.A.	Anwendung von § 213; Kritik: Wortlaut „der *Totschläger*“
a.A.	Forderung eines besonders verwerflichen Vertrauensbruches beim Mordmerkmal der Heimtücke
BGH	Großer Senat: „Rechtsfolgenlösung“: In besonderen Fällen § 49 I Nr. 1 anzuwenden (z.B. bei notstandsähnlicher, auswegloser Situation; tiefem Mitleid; großer Verzweiflung; „gerechtem“ Zorn)

Wie ist der Anstifter zu bestrafen, der aus Habgier handelt, während der Angestiftete (wie der Anstifter weiß) aus einem sonstigen niedrigen Beweggrund das Opfer tötet?

↳ Basics StrafR: Rn. 273 ff.; StrafR BT II: Rn. 68 ff.

Mordmerkmale und § 28

Problem: 1. und 3. Gruppe → täterbezogene Merkmale i.S.d. § 28; § 28 I oder § 28 II anzuwenden?

h.L.	BGH
§ 28 II, da § 211 Qualifikation zu § 212 → Merkmale straf*schärfend*	§ 28 I, da § 211 selbständiges Delikt → Mordmerkmale straf*begründend*
• Niedr. Beweggrund gilt nicht für Anstifter • Aber: Anstifter handelt aus Habgier → §§ 212, 211 II Gr. 1 **Var. 3**, 26	• Eigentl. müsste BGH § 28 I (Strafmilderung) anwenden • Aber: Weil bei Anstifter anderes pers. Mordmerkmal vorliegt, „fehlt" kein pers. Mordmerkmal → §§ 212, 211 II Gr. 1 **Var. 4**, 26

Welche Elemente enthält das Merkmal der Heimtücke i.S.v. § 211 II Gr. 2 Var. 1 StGB?

↳ StrafR BT II: Karteikarte 8

Heimtücke

Heimtücke = bewusstes Ausnutzen der Arglosigkeit und der auf dieser beruhenden Wehrlosigkeit des Opfers

Weitere Einschränkung str.

Lit.

Hinzukommen muss **„besonders verwerflicher Vertrauensbruch"**

Kritik: Merkmal zu unbestimmt, Art. 103 II GG

BGH

Tötung muss in **feindlicher Willensrichtung** erfolgen

→ Fälle scheiden aus, in denen der Täter nur „das Beste" für Opfer will, z.B. Tötung eines Schwerkranken aus Mitleid

Was ist unter Arglosigkeit zu verstehen?
Was ist bei Kleinkindern, was bei Schlafenden zu beachten?

StrafR BT II: Rn. 44 f., Karteikarte 8

Arglosigkeit

Arglos ist, wer z. Zt. der Tat **nicht** mit einem Angriff des Täters **rechnet**	(-), wenn ein *tätlicher* Angriff erwartet wird; nicht erst (-), wenn mit Angriff auf *Leben* gerechnet wird

Kinder

Arglosigkeit setzt **Fähigkeit zum Argwohn** voraus → auf *konkrete Tatbegehung* abstellen; nach h.M. z.B. Babys nicht zum Argwohn fähig; dann kann aber ggfs. auf „schutzbereite Dritte" (z.B. anwesende Eltern) abgestellt werden (so BGH)

Schlafende

„Der Arglose nimmt seine Arglosigkeit mit in den Schlaf" →
Daher bzgl. Arglosigkeit auf Zeitpunkt des Einschlafens abstellen

Ist das Opfer wehrlos, das sich gegen den Angriff nicht verteidigen kann, weil es vom Täter in einem engen Raum gefangen gehalten wird?

↳ StrafR BT II: Karteikarte 8

Wehrlosigkeit

Opfer = wehrlos, wenn seine natürliche Abwehrbereitschaft und Abwehrfähigkeit *infolge der Arglosigkeit* stark reduziert ist

→ Die Wehrlosigkeit muss gerade auf der Arglosigkeit beruhen

Im vorliegenden Fall: Opfer zwar in seiner Abwehrmöglichkeit wegen der räumlichen Enge stark eingeschränkt; Wehrlosigkeit beruht aber nicht auf Arglosigkeit, sondern auf Gefangenschaft → **Heimtücke** (-)

In welchem Zeitpunkt muss zur Verwirklichung des Mordmerkmals der Heimtücke das Opfer arg- und wehrlos sein?

↳ StrafR BT II: Rn. 48 ff.

Grds. maßgeblicher Zeitpunkt: Eintritt in das **Versuchsstadium**
→ Ausreichend, wenn bei Überschreitung der Schwelle von der Vorbereitung zum Versuch Heimtückevoraussetzungen gegeben sind

Z.B.: Täter lockt Opfer von der Straße weg in einen Hauseingang (mit Weglocken Versuchsstadium überschritten), um es dort zu töten
→ Im Zeitpunkt des unmittelbaren Ansetzens Opfer arglos → Heimtücke (+)

Wann liegt eine Tötung aus Habgier vor?
Genügt es, dass der Täter tötet, um Aufwendungen zu vermeiden?

↳ StrafR BT II: Rn. 57

Habgier, § 211 II Gr. 1 Var. 3

= Rücksichtsloses Gewinnstreben „um jeden Preis“
z.B.: Täter tötet Opfer, um an dessen goldene Armbanduhr zu gelangen

Tötung zur Vermeidung von Aufwendungen = Habgier?

e.A.

Habgier (-), hohe Strafdrohung nur bei Anstreben eines unmittelbaren Vermögensvorteils gerechtfertigt
→ Aber: *sonstige* niedrige Beweggründe (+)

h.M.

Habgier (+), da i.d.R. ebenso verwerflich (z.B.: Tötung des Kindes zum Ersparen von Unterhaltspflichten)

Muss zur Verwirklichung des Mordmerkmals der Verdeckungsabsicht der Täter die Tötung als Mittel der Verdeckung einsetzen?

↳ StrafR BT II: Karteikarte 10

Verdeckungsabsicht, § 211 II Gr. 3 Alt. 2

e.A.

Täter muss beabsichtigen, gerade die Tötung **als Mittel der Verdeckung** einzusetzen

z.B.: Tötung einer Person, die den Täter auf frischer Tat ertappt hat

Rspr.

*Tötungs*absicht ist nicht erforderlich; vielmehr:

- Täter muss beabsichtigen, dass die **Handlung**, die letztlich zur Tötung geführt hat, die Verdeckung bewirkt
- Bzgl. der Tötung genügt bedingter Vorsatz

→ Erstrebte Verdeckung muss *nicht* gerade durch die Tötung erfolgen

Welche Anforderungen sind an das Tötungsverlangen des Opfers i.S.d. § 216 StGB zu stellen?
Welche Konsequenz hat es, wenn der Täter das Vorliegen eines solchen irrig annimmt?

↳ StrafR BT II: Karteikarte 12

Tötung auf Verlangen, § 216 StGB

Anforderungen an Tötungsverlangen

Ausdrücklich

= Vorherige, unmissverständliche Kundgabe gegenüber dem Täter

+

Ernstlich

Setzt voraus:
- Frei von Willensmängeln
- Einsichtsfähigkeit des Opfers

Wichtig: Geht der Täter irrig von Umständen aus, bei denen ein Tötungsverlangen i.S.v. § 216 vorliegen würde, ist § 16 II anwendbar: Bestrafung nur nach § 216 i.V.m. § 16 II (h.M.)

Ist ein Drogendealer nach § 222 StGB zu bestrafen, wenn einer seiner „Kunden“ an einer Überdosis stirbt?

↳ StrafR BT II: Karteikarte 14

Problem: Greift § 222 auch bei einer eigenverantwortlichen Selbstgefährdung des Opfers ein? → Ganz **h.M. (-)**, Schutzbereich des § 222 endet dort, wo Verantwortungsbereich des Opfers beginnt

Begründung str.

- **e.A. (Lit.):** Es fehlt an der **Tatherrschaft**
- **a.A. (Rspr.):** Es fehlt an der **objektiven Zurechnung**; auch bei Tötungsvorsatz würde Strafbarkeit (nach § 212) ausscheiden, allenfalls straflose Teilnahme an Selbsttötung

Wichtig: Wesentliche Voraussetzung der Eigenverantwortlichkeit: Täter darf *kein „überlegenes Wissen“* haben; wenn z.B. Dealer erkennt, dass Kunde Tragweite des eingegangenen Risikos falsch beurteilt oder einsichtsunfähig ist, regelmäßig § 222 (+)

Handelt es sich bei § 221 I StGB um ein Verletzungs- oder ein Gefährdungsdelikt?

§ 221 StGB

↳ StrafR BT II: Rn. 76

§ 221 I

Verletzungsdelikt: Wenn Tatbestand die Verletzung des geschützten Rechtsguts tatbestandlich voraussetzt

§ 221 I erfordert Gefahr des Todes / einer schweren Gesundheitsschädigung → **konkretes** Gefährdungsdelikt (kein Verletzungsdelikt)

Konkrete Gefahr = Situation, in der Eintritt bzw. Ausbleiben des Verletzungserfolgs nur noch vom Zufall abhängt

→ obwohl inhaltlich vergleichbar, nicht polizeirechtl. Gefahrbegriff verwenden, sondern „Gefahr" strafrechtsspezifisch definieren

Setzt das Versetzen in hilflose Lage i.S.d. § 221 I Nr. 1 StGB eine räumliche Ortsveränderung voraus?

StrafR BT II: Rn. 77, Karteikarte 15

Versetzen, § 221 I Nr. 1

e.A.

Ortsveränderung **erforderlich**; **Arg.:**

- Vergleich zu Nr. 2: Im-Stich-Lassen fordert keine Ortsveränderung, dafür Einschränkung des TB durch Obhutspflicht; eine solche Einschränkung fehlt in Nr. 1, **Tatbestand wäre zu weit**

h.M.

Ortsveränderung **nicht erforderlich**; **Argumente:**

Allgemeiner Sprachgebrauch; versetzen in eine hilflose Lage beinhaltet nicht zwingend eine Ortsveränderung

- § 221 I Nr. 1 a.F.: „Aussetzen"; Änderung in „Versetzen" weist darauf hin, dass Ortsveränderung nicht erforderlich
- Einschränkende Auslegung genügt, um TB nicht ausufern zu lassen

Handelt es sich bei § 221 I Nr. 2 StGB um ein echtes oder unechtes Unterlassungsdelikt? Handelt es sich um ein echtes oder unechtes Sonderdelikt?

↳ StrafR AT I: Rn. 35, 296

§ 221 I Nr. 2 = Echtes Unterlassungsdelikt, da Verstoß gegen eine Gebotsnorm sanktioniert; d.h.: Tatbestand knüpft an Unterlassen einer gebotenen Handlung an (hier: Im-Stich-Lassen)

Dagegen **„unechte" Unterlassungsdelikte**: Normiert ist Strafbarkeit der Begehung durch aktives Tun, Unterlassungsstrafbarkeit kann aber über § 13 begründet werden

§ 221 I Nr. 2 = Echtes Sonderdelikt; Sonderdelikt, weil mit Obhutspflicht besondere Subjektsqualität des Täters erforderlich; **echtes** Sonderdelikt, weil Subjektsqualität straf*begründend* wirkt

Dagegen „**unechte" Sonderdelikte**: Besondere Subjektsqualität hat strafschärfende Wirkung, z.B. § 258a (strafschärfend gegenüber § 258)

Definieren Sie die beiden Tatmodalitäten des § 223 I StGB!

↳ Basics StrafR: Rn. 291

Körperverletzung, § 223 I

Körperliche Misshandlung, § 223 I Alt. 1 ⇒ **Jede üble, unangemessene Behandlung, durch die das körperliche Wohlbefinden oder die körperliche Unversehrtheit nicht nur unerheblich beeinträchtigt wird**; auch z.B. bei Ohrfeige denkbar

Gesundheitsschädigung, § 223 I Alt. 2 ⇒ **Hervorrufen oder Steigern eines pathologischen**, von den gewöhnlichen Lebensvorgängen abweichenden Zustandes
z.B. bei Angst (+), wenn ärztliche Behandlung nötig

Handelt es sich beim ärztlichen Heileingriff um eine tatbestandsmäßige Körperverletzung?

↳ StrafR BT II: Karteikarte 17

Ärztlicher Heileingriff und § 223 StGB

e.A.

Tatbestandlich § 223 I (-)

- Voraussetzung: Behandlung muss grds. **lege artis** durchgeführt worden sein
- **Arg.:** Behandlung soll körperlichem Wohl dienen, nicht der Gesundheitsschädigung (sozialer Sinngehalt: § 223 (-))

h.L. / Rspr.

Tatbestandlich § 223 I (+)

- Rwk. scheitert aber i.d.R. an rechtfertigender Einwilligung des Patienten
- **Arg.:** Nur so Schutz des SelbstbestimmungsR des Patienten; wirks. Einwilligung setzt umfassende ärztl. Aufklärung voraus

Wann liegt ein „Beibringen“ i.S.d. § 224 I Nr. 1 StGB vor?

↳ StrafR BT II: Rn. 90

Beibringen, § 224 I Nr. 1

e.A.: Wirkung müsse sich im Körperinneren entfalten

↕

h.M.: Beibringen setzt lediglich voraus, dass der Stoff so auf den Körper angewendet wird, dass er seine gesundheitsschädigende Wirkung entfalten kann
→ bei Salzsäure genügt Aufbringen auf die Haut, bei Zyankali nicht
→ äußerliche Anwendung kann genügen, Einzelfall maßgeblich

Was ist unter einem gefährlichen Werkzeug i.S.d. § 224 I Nr. 2 StGB zu verstehen?

KV mittels gefährlichen Werkzeugs, § 224 I Nr. 2

Gegenstand, der **nach seiner Beschaffenheit** und der **konkr. Art der Verwendung** geeignet ist, erhebliche Körperverletzungen zuzufügen

→ Abstellen auf *konkr. Verwendung,* z.B. auch Stechen eines angespitzten Bleistiftes ins Auge etc.; anders bei §§ 244 I Nr. 1 a), 250 I Nr. 1 a)

Str., ob Gegenstand beweglich sein muss:

- **Rspr.:** Werkzeug muss gegen den Körper geführt werden, also **beweglich** sein (Art. 103 II GG: Auslegungsschranke = möglicher Wortsinn); daher z.B. (-), wenn Kopf gegen Felswand gestoßen wird
- **a.A.:** Gleicher Unrechtsgehalt wie bei beweglichem Werkzeug

Wann wird die Körperverletzung i.S.d. § 224 I StGB

- mittels eines hinterlistigen Überfalls (Nr. 3)
- mit einem anderen Beteiligten gemeinschaftlich (Nr. 4) begangen?

↳ StrafR BT II: Rn. 92 f.

§ 224 I Nr. 3

= **Planmäßiges** Verdecken der wahren Absichten, das die Abwehrmöglichkeiten des Opfers einschränkt

z.B.: Täter überreicht Opfer einen Blumenstrauß, um es aus der Nähe verletzen zu können

§ 224 I Nr. 4

- Gemeinschaftliche Begehung setzt Zusammenwirken von mind. 2 Personen am Tatort voraus
- „Beteiligter“ (vgl. § 28 II): Neben Mittäter auch Anstifter und Gehilfe erfasst

Wann wird die Körperverletzung mittels einer das Leben gefährdenden Behandlung begangen, § 224 I Nr. 5 StGB?

StrafR BT II: Karteikarte 21

§ 224 I Nr. 5

h.M.: Auf Gefährlichkeit der „Behandlung" abzustellen

str.: konkrete Lebensgefährdung erforderlich?

h.M. (Rspr.)

Auf abstrakte Gefährlichkeit abstellen

Arg.: systematischer Vergleich mit Nr. 1-4: diese knüpfen auch nur an abstrakte Gefährlichkeit an

a.A.

Auf konkrete Lebensgefährdung abstellen

Arg.: Strafschärfung in § 224 I Nr. 5 wegen Eintritts einer konkreten Lebensgefahr

Welche strafrechtlichen Probleme sind zu beachten, wenn der Täter sein unwissendes Opfer mit HIV infiziert?

↪ StrafR BT II: Karteikarte 22

Tötungsdelikte

- Infizierung mit HIV = taugliche Tötungshandlung; unerheblich, dass Tötungserfolg in zeitlicher Entfernung liegt
- Aber i.d.R. Vorsatz (-), Rspr. hier täterfreundlich; i.d.R. § 222, sofern Kausalitätsnachweis gelingt

Körperverletzungsdelikte

- Infizierung = Gesundheitsschädigung, § 223 I Alt. 2
- Abstrakt lebensgefährdend, daher nach h.M. § 224 I Nr. 5 (+)
- Auch Beibringung eines anderen gesundheitsschädigenden Stoffes (HIV-Virus), § 224 I Nr. 1
- Bei Todeseintritt: § 227 (verdrängt § 222)
- Auch hier: Problem des Vorsatzes; nach BGH i.d.R. (+), da keine entsprechend hohe Hemmschwelle wie bei Tötungsdelikt besteht

Wann ist ein Glied des Körpers wichtig i.S.d. § 226 I Nr. 2 StGB?

↳ StrafR BT II: Rn. 95b, Karteikarte 24

Verlust / Unbrauchbarkeit eines *wichtigen* Gliedes

e.A.

(+) bei hoher *genereller* Bedeutung für Gesamtorganismus

z.B.: Daumen und Zeige-finger der rechten Hand

a.A.

Auch auf *individuelle* Bedeutung für Opfer abstellen

z.B.: auch Finger der linken Hand bei einem Pianisten

Arg.: Erhöhte Strafdrohung auch in diesem Fall gerechtfertigt, da Opfer in gleicher Weise beeinträchtigt wie bei *genereller* Bedeutung des Gliedes

Knüpft der tatbestandsspezifische Gefahrzusammenhang in § 227 StGB an die Körperverletzungshandlung oder an den Körperverletzungserfolg nach den §§ 223-226 StGB an?

↳ StrafR BT II: Karteikarte 26

§ 227 = **Erfolgsqualifiziertes Delikt**; über Kausalitätserfordernis hinaus muss sich in besonderer Folge die dem Grunddelikt innewohnende **spezifische Gefahr** verwirklicht haben

Str., *woran* spezifischer Gefahrzusammenhang anknüpft

e.A.

Gefahrzusammenhang knüpft an Körperverletzungs*erfolg* an

Arg.: Wortlaut § 227 „durch die *Körperverletzung*"

h.M.

Ausreichend, wenn sich die mit der KV-*Handlung* verknüpfte Gefahr verwirklicht hat

Arg.: Gerade der KV-Handlung wohnt bereits besondere Gefährlichkeit inne; Wortlaut lässt dies zu: „Körperverletzung" meint Gesamtvorgang

Ist ein Versuch der Erfolgsqualifikation bei § 227 StGB möglich?

↬ StrafR BT II: Rn. 104

Versuch der Erfolgsqualifikation bei § 227?

↓

Konstellation: Besondere Folge tritt nicht ein, ist aber vom Täter beabsichtigt; Grunddelikt ist entweder vollendet oder im Versuchsstadium geblieben

↓

Nach **h.M.** auch bei § 227 Versuch der Erfolgsqualifikation mögl. Tritt allerdings hinter §§ 212 I (211), 22 in Gesetzeskonkurrenz zurück

M.M.: Täter kann bei § 227 nicht vorsätzl. bezügl. des Todeseintritts handeln (= „echtes erfolgsqualifiziertes Delikt"); in diesem Fall immer §§ 212 ff. einschlägig. Versuch scheidet daher per se aus

Was regelt § 228 StGB?
Wann ist ein solcher Sittenverstoß anzunehmen?

§ 228 StGB

↳ StrafR BT II: Karteikarte 29

§ 228

Rechtfertigende Einwilligung dann (-), wenn Tat trotz der Einwilligung gegen die guten Sitten verstößt, Tat dann nicht gerechtfertigt

Verstoß gegen die guten Sitten

- Maßgeblich: Anstandsgefühl aller billig und gerecht Denkenden
- Kriterien: Beweggründe und Ziele der Beteiligten, Mittel und Art der Verletzung
- Es kommt auf Sittenwidrigkeit der Tat, nicht der Einwilligung an; gesetzgeberische Wertungen (z.B. von § 231) mit zu berücksichtigen

Wie ist das Konkurrenzverhältnis zwischen versuchtem Totschlag und vollendeter einfacher Körperverletzung zu lösen?

↳ StrafR BT II: Karteikarte 31

Versuchter Totschlag und vollendete Körperverletzung

- **Frühere Rspr.:** Vollendete KV tritt hinter versuchtem Totschlag zurück
- **H.L.** und **heutige Rspr.:** Tateinheit (§ 52) zwischen vollendeter KV und versuchtem Tötungsdelikt
  Arg.: Verurteilung nur wg. versuchten Tötungsdelikts würde nicht klarstellen, dass zugleich Körperverletzung vollendet wurde (dies ist nämlich nicht zwingend, z.B.: Täter schießt auf Opfer und verfehlt es)
  → **Klarstellungsfunktion des Urteilstenors**

Außerdem gilt: In Tötungsvorsatz ist notwendigerweise Körperverletzungsvorsatz enthalten (Einheitstheorie)

Handelt es sich bei § 231 StGB um ein Gefährdungs- oder um ein Verletzungsdelikt?

↳ StrafR BT II: Rn. 111

§ 231 StGB: Beteiligung an einer Schlägerei

Denkbar: Tatbestand setzt Tod eines Menschen bzw. schwere KV voraus
→ Verletzungsdelikt?

Aber: Strafgrund = *generelle* Gefährlichkeit von Schlägerei

§ 231 = **Abstraktes Gefährdungsdelikt**; Todeseintritt/schwere KV = obj. Strafbarkeitsbedingung, auf die sich der **Vorsatz** *nicht* erstrecken muss

→ Strafbarkeit nach h.M. auch (+), wenn die konkrete Handlung, die zum Tod bzw. zu einer schweren Körperverletzung geführt hat, durch Notwehr gerechtfertigt war (**Arg.:** Teil der abstrakten Gefahr einer Schlägerei)

Was ist unter einer „Schlägerei", was unter einem „von mehreren verübten Angriff" i.S.d. § 231 StGB zu verstehen?

§ 231 StGB

↳ StrafR BT II: Karteikarte 32

Schlägerei → = Tätliche Auseinandersetzung von *mindestens drei* Personen

von Mehreren verübter Angriff → *Mindestens zwei* Personen treten einer anderen Person feindselig gegenüber, um sie am Körper zu verletzen

→ Einheitlicher Angriffswille, bezogen auf den gleichen Angriffsgegenstand erforderlich

Ist nach § 231 StGB zu bestrafen, wer lediglich – ohne selbst Tätlichkeiten vorzunehmen – die übrigen Beteiligten anfeuert?

↳ StrafR BT II: Karteikarte 33

Beteiligung setzt voraus

- Anwesenheit am Tatort
- Leistung eines physischen oder psychischen Beitrags dazu, dass geschlagen wird
- kein Fehlen der Vorwerfbarkeit der Beteiligung, § 231 II

→ Anfeuern der übrigen Beteiligten genügt

Wichtig: Zu den drei (Schlägerei) bzw. zwei (Angriff mehrerer) Personen sind nur die zu zählen, die sich aktiv beteiligen

→ wer nur anfeuert, ist hierbei nicht mitzuzählen

Ist es für eine Strafbarkeit nach § 231 StGB erforderlich, dass die Beteiligung im Zeitpunkt des Eintritts der objektiven Strafbarkeitsbedingung noch andauert bzw. schon besteht?

StrafR BT II: Rn. 115

Maßgeblichkeit des Zeitpunkts der Beteiligung bei § 231 StGB?

h.M.

Wegen Charakter als abstraktes Gefährdungsdelikt kommt es auf Ursächlichkeit der Beteiligung nicht an

§ 231 auch (+) bei

- Beteiligung erst nach Eintritt der obj. Strafbarkeitsbedingung
- Beendigung der Beteiligung schon vor Eintritt der obj. Strafbarkeitsbedingung

a.A.

Strafbarkeit muss ausscheiden, wenn Beteiligung nicht mehr ursächlich sein *kann*

→ § 231 (-), wenn Beteiligung erst nach Eintritt des Todes bzw. der schweren Körperverletzung stattfindet

Schildern Sie i.R.d. § 240 StGB den klassischen Gewaltbegriff und seine allmähliche Modifizierung durch die Rechtsprechung des BGH!

Nötigung

↳ StrafR BT I: Rn. 50

1. Stufe	• Durch Anwendung von Körperkraft erfolgende • Einwirkung auf den Körper des Opfers • Zur Überwindung eines tatsächlichen oder erwarteten Widerstandes **„Klassischer Gewaltbegriff"**
2. Stufe	Die Anwendung von Körperkraft kann **gering** sein, z.B.: Umdrehen eines Schlüssels zum Einschließen des Genötigten
3. Stufe	Die Zwangswirkung kann auch **psychischer Art** sein, z.B.: Täter lässt sich auf Straßenbahnschienen nieder → psychisch vermittelter Zwang beim Fahrer, der den Täter nicht überfahren will **„vergeistigter Gewaltbegriff"**

Welche Auswirkung hatte die sog. Sitzblockaden-Entscheidung des BVerfG auf die Rechtsprechung des BGH?

↳ StrafR BT I: Rn. 51

Sitzblockaden-Entscheidung des BVerfG (1995)

Sachverhalt: Täter blockieren sitzend die Ausfahrt einer Bundeswehrkaserne; BGH: Gewalt (+), § 240 (+)

Weite Auslegung des Gewaltbegriffs mit **Art. 103 II GG** nicht vereinbar; psychisch vermittelter Zwang reicht für „Gewalt" *nicht* aus, daher Rückkehr zur 2. Stufe des Gewaltbegriffs (BVerfG)

⇓

Reaktion des BGH (bestätigt vom BVerfG)

Rspr. des BVerfG betrifft nur die Fahrzeuge, die unmittelbar vor den Demonstranten halten müssen; für die Fahrzeuge ab der zweiten Reihe stellen die vor ihnen stehenden Fahrzeuge **physische Barrieren** dar
→ bzgl. dieser liegt auch bei Einschränkung des Gewaltbegriffs Gewalt (in mittelbarer Täterschaft, § 25 I Alt. 2) vor

Welche Form der Gewalt bezeichnen die Begriffe „vis absoluta“ und „vis compulsiva“?

↳ StrafR BT II: Rn. 125

Vis absoluta	**Vis compulsiva**
= Angriff auf Willensfreiheit durch physisch wirkenden, *unüberwindlichen* Zwang	= Zwangswirkung *nicht unüberwindlich*, aber ausreichend, um freie Willensbetätigung zu beeinträchtigen
z.B.: Einschließen des Opfers in ein Zimmer; Betäuben des Opfers durch Narkosemittel	**z.B.:** „Mürbemachen" des Opfers durch Schläge, bis es den Wünschen des Täters nachgibt

Beachten Sie: Beide Formen der Gewalt für § 240 StGB ausreichend

Ist der Gewaltbegriff des § 240 StGB auch dann erfüllt, wenn sich die Gewaltanwendung gegen Sachen richtet?

↳ StrafR BT II: Karteikarte 36

Sachgewalt

Jedenfalls (+), wenn hierdurch körperlicher Zwang vermittelt wird

z.B.: Vermieter hängt im Winter die Fenster aus, um den Mieter zum Auszug zu veranlassen

In anderen Fällen str.:

- **e.A.:** (+), da *Androhen* von Sachgewalt unter Drohungsalternative fällt → Ausüben von Sachgewalt = Gewalt i.S.d. § 240 StGB
- **a.A.:** (-), da Gewalt *körperliche* Zwangswirkung voraussetzt

z.B.: Täter zerkratzt PKW des Opfers, um ihm eine Handlung abzunötigen

Liegt Gewalt i.S.d. § 240 StGB vor, wenn sich die Gewaltanwendung gegen einen Dritten richtet?

↳ StrafR BT II: Karteikarte 36

„Gewalt“ bei sog. Dreiecksnötigung?

jedenfalls (+), wenn hierdurch körperlicher Zwang ggü. Nötigungsopfer vermittelt wird

Seltene Fälle, **z.B.:** Nötigung eines Hilfebedürftigen durch Wegsperren seines Helfers

In anderen Fällen:
Nach h.M. (+), sofern zu nötigende Person in eine **psychische Zwangslage** gerät

z.B.: T schlägt den Vater des O, bis O ihm 50 € gibt

Liegt eine Nötigung durch (unechtes) Unterlassen i.S.d. § 13 StGB vor, wenn der Täter androht, z.B. die Rücknahme einer Strafanzeige zu unterlassen?

↳ StrafR BT II: Karteikarten 36, 37

Nötigung durch Unterlassen?

Begehung durch Unterlassen nur, wenn **Tathandlung** ein Unterlassen im Rechtssinne darstellt
→ Im Beispiel: das Drohen mit einem Unterlassen ist aktive (!) Nötigungshandlung i.R.d. § 240

Das Androhen eines Unterlassens („Drohung mit Unterlassen“) fällt **nicht** unter § 13

Umfasst die Drohung i.S.v. § 240 StGB auch die Drohung mit einem Unterlassen?

↳ StrafR BT II: Karteikarte 37

Drohung mit Unterlassen

z.B.: Kaufhausbesitzer verspricht der ertappten Diebin, die Strafanzeige zurückzunehmen, wenn sie mit ihm schläft

e.A.

§ 240 i.d.R. (-), denn:

- Täter bietet ledigl. Hilfeleistung an, zu der er nicht verpflichtet ist
- § 240 nur (+), wenn *Rechtspflicht* des Täters zur Vornahme der fragl. Handlung besteht

h.M.

§ 240 (+), denn:

- **Zwangslage** kann für Opfer bei angedrohtem Unterlassen ebenso groß sein wie bei angedrohtem pos. Tun
- Ob mit Unterlassen oder pos. Tun gedroht wird, ist oft nur eine **Formulierungsfrage** (z.B. obiges Beispiel: Drohung mit Weiterverfolgung der Tat)

Kommt es für das Vorliegen einer Drohung i.S.d. § 240 StGB darauf an, ob der Täter diese auch tatsächlich realisieren könnte?

↳ StrafR BT II: Karteikarten 37, 38

Drohung

= In-Aussicht-Stellen eines künftigen Übels, auf das der Täter Einfluss hat oder zu haben *vorgibt*

Maßgeblich ist allein, ob das Täterverhalten objektiv *geeignet* ist, bei einem Durchschnittsopfer das erwünschte Verhalten auszulösen
→ wenn Täter glaubhaft vorgibt, die Drohung verwirklichen zu können → § 240 (+)

Sind bei der Verwerflichkeitsprüfung i.R.v. § 240 II StGB auch die Fernziele des Nötigenden zu berücksichtigen?

↳ StrafR BT II: Karteikarte 39

§ 240 II

Verwerflichkeit = erhöhter Grad sittlicher Missbilligung; abzustellen auf Sozialwidrigkeit der Tat

Verwerflichkeit muss in der Mittel-Zweck-Relation liegen:

- „Mittel" = eingesetztes Nötigungsmittel
- „Zweck" = dadurch erzielter Nötigungserfolg

Auch Fernziele bei § 240 II **im Rahmen einer Gesamtabwägung** mit zu berücksichtigen

z.B.: Sitzblockade, um gegen atomare Aufrüstung zu protestieren (Wertung v. Art. 8 GG)

Setzt § 113 StGB einen Nötigungserfolg voraus? Wie ist das Verhältnis zu § 240 StGB zu beurteilen?

↳ StrafR BT II: Rn. 137 f.

§ 113

Anders als § 240 setzt § 113 *keinen* Nötigungserfolg voraus (Wortlaut: „Widerstand leistet")

§ 113 = unechtes Unternehmensdelikt

§ 113 ist **Privilegierung** gegenüber § 240; § 113 verdrängt deshalb ebenfalls verwirklichten § 240 (Spezialität); § 114 lex specialis

Rechtspolitischer Hintergrund: Unterordnung unter die Staatsgewalt ruft besondere Emotionen hervor; Betroffener neigt eher zu Nötigungshandlungen als im Falle eines zivilen Gegenübers

Handelt es sich bei dem Erfordernis der Rechtmäßigkeit der Diensthandlung in § 113 III StGB um ein objektives Tatbestandsmerkmal?

↳ StrafR BT II: Karteikarte 41

Rechtmäßigkeit der Diensthandlung bei § 113 StGB

= **Objektive Strafbarkeitsbedingung**, auf die sich der Vorsatz nicht zu beziehen braucht

Atypische Irrtumsregelungen:

- Versuch nicht mgl., wenn Täter irrig Rechtmäßigkeit der Diensthandlung annimmt, § 113 III S. 2
- Wenn Täter irrig von Rwk. ausgeht: Zwar nicht § 16 I S. 1, aber *fakultative Strafmilderung*, § 113 IV S. 1, oder *Straflosigkeit*, § 113 IV S. 2

Unter welchen Voraussetzungen ist eine Diensthandlung rechtmäßig i.S.d. § 113 III, IV StGB?

↳ StrafR BT II: Rn. 138

Der Begriff der Rechtmäßigkeit ist nicht verwaltungsakzessorisch, sondern eigenständig zu bestimmen; Vor.:

(1)	Örtl. und sachl. Zuständigkeit	
(2)	Wesentl. Förmlichkeiten gewahrt	**z.B.:** Vorherige Androhung bei unmittelbarem Zwang
(3)	Pflichtgemäße Ermessensausübung	**Auch:** Pflichtgemäße Einschätzung des Sachverhalts; **z.B.** (-) bei sog. polizeirechtlicher Putativgefahr
(4)	Beachtung verbindlicher Weisungen	

Setzt die Strafbarkeit nach § 239 StGB voraus, dass das Opfer sich tatsächlich fortbewegen kann? Muss es von der Freiheitsbeschränkung Kenntnis nehmen?

↳ StrafR BT II: Rn. 140

Freiheitsberaubung

Opfer muss überhaupt Möglichkeit zur Fortbewegung haben → allerdings **str.**, wenn diese z.B. bei Schlafenden *vorübergehend* ausgeschlossen; **h.M.:** § 239 (+), wenn damit zu rechnen ist, dass Opfer Fortbewegungsfähigkeit während der Freiheitsbeschränkung wiedererlangt

h.M.	a.A.
Potentielle Fortbewegungsfreiheit geschützt → aktueller Wille zur Fortbewegung oder Kenntnis nicht erforderlich; Wille zur Fortbewegung muss aber gebildet werden können	*Aktueller* Fortbewegungswille erforderlich, da nur dann echte Beschränkung der Fortbewegungsfreiheit

Ist für eine Strafbarkeit nach § 239 StGB das Schaffen einer physischen Barriere (z.B. durch das Einsperren in einem Raum) erforderlich?

Stets „physische Barriere“ bei § 239 erforderlich?

Auch *psychische* Barriere für § 239 ausreichend, wenn hierdurch die (potentielle) Bewegungsfreiheit beeinträchtigt wird (str.)

z.B.: Entfernung der Kleidungsstücke eines Nacktbadenden → dieser wagt sich nicht aus dem See heraus

Um welche Art von Delikten handelt es sich bei § 239 III Nr. 2 StGB und § 239 IV StGB? Bilden Sie je ein Beispiel für die Varianten „durch die Tat“ bzw. „durch eine während der Tat begangene Handlung“!

↳ StrafR BT II: Rn. 140

§ 239 III Nr. 2

§ 239 IV

= Erfolgsqualifizierte Delikte
Gefahrzusammenhang knüpft an die *Tathandlung* an, daher Erfolgsqualifikation des Versuchs möglich

„durch die **Tat**"

z.B.: Opfer wird eingesperrt und verhungert

„durch eine **während der Tat begangene Handlung**"

z.B.: Opfer wird gefesselt (§ 239 I) und geknebelt (nicht § 239 I) und erstickt am Knebel

Was ist unter dem Entführen bzw. dem Sich-Bemächtigen i.S.d. §§ 239a, 239b StGB zu verstehen?

StrafR BT II: Karteikarte 46

§§ 239a / 239b

Entführen

Täter erlangt physische Herrschaft über das Opfer, indem er es vom ursprünglichen Aufenthaltsort entfernt

Sich-Bemächtigen

Täter erlangt physische Herrschaft über Opfer; Ortsveränderung **nicht** erforderlich

Wie ist der Tatbestand des § 239a StGB im Zwei-Personen-Verhältnis einzuschränken?

↳ StrafR BT II: Rn. 147

Zwei-Personen-Verhältnis

„Sorge des Opfers um sein Wohl“ → Personengleichheit zwischen der in Gewalt gebrachten und der zu erpressenden Person möglich

Problem: Fälle des §§ 253, 255 wären regelmäßig zugleich Fälle des § 239a → unbillig, § 239a ist einschränkend auszulegen

- **Frühere Rspr.:** Außenwirkung erforderlich; z.B. (+), wenn Geld an Dritten überwiesen werden soll

- **Heutige Rspr.** (Großer Senat, 1994): Sich-Bemächtigen und geplante Erpressungshandlung dürfen nicht in gleicher Tathandlung zusammenfallen; durch das Sich-Bemächtigen muss zunächst *„stabile Zwischenlage“* geschaffen werden, die der Täter dann zur Erpressung ausnutzen will. § 239a = „unvollkommen zweiaktiges Delikt“ (Gleiches gilt bei § 239b)

Stellen Sie die wesentlichen Unterschiede zwischen § 241 StGB und § 240 StGB dar!

↳ StrafR BT II: Rn. 152

§ 241		§ 240
Qualifiziertes Nötigungsmittel: Drohung mit der Begehung eines Verbrechens	↔	Jede Drohung oder Gewaltanwendung
Nötigungserfolg nicht erforderlich; schlichtes Tätigkeitsdelikt	↔	Nötigungserfolg erforderlich; Erfolgsdelikt
Rechtswidrigkeit ist indiziert	↔	Rechtswidrigkeit ist positiv festzustellen (§ 240 II)

Geschütztes Rechtsgut der
§§ 185 ff. StGB ist die Ehre.
Was ist nach h.M. hierunter zu verstehen?

↳ StrafR BT II: Rn. 153 f., Karteikarte 50

Ehre

Nach wohl **h.M.** zwei Bestandteile (*dualistischer Ehrbegriff*)

„Innere Ehre“

Besitzt jeder Mensch, auch z.B. Schwerverbrecher; innerer Wert und Würde des Menschen (wg. Art. 1 I GG)

„Äußere Ehre“

Durch eigene Lebensleistung gewonnen, daher individuell unterschiedlich, z.B. der erworbene „gute Ruf“ in der Gesellschaft

Unter welchen Voraussetzungen sind Personengesamtheiten beleidigungsfähig (sog. Kollektivbeleidigung)?

↳ StrafR BT II: Karteikarte 51

Beleidigungsfähigkeit von Personengesamtheiten

h.M.: grds möglich, vgl. Rechtsgedanke von § 194 III, IV; **Vor.:**

(1)	Fähigkeit zur einheitlichen Willensbildung	(-) **z.B.:** „die Polizei", denn: Keine einheitl. Willensbildung, da Landespolizeien voneinander unabhängig
	und	
(2)	Erfüllung einer anerkannten sozialen Funktion	**z.B.:** politische Parteien; Rotes Kreuz; Bundeswehr

a.A.: Außer den in § 194 ausdrücklich genannten Personengesamtheiten nur natürliche Personen nach §§ 185 ff. geschützt

Was ist unter einer Beleidigung von Einzelpersonen unter einer Kollektivbezeichnung zu verstehen? Worin liegt der Unterschied zur Beleidigung von Personengesamtheiten?

↳ StrafR BT II: Rn. 157 ff.

Beleidigung von Einzelpersonen unter einer Kollektivbezeichnung

Opfer der Beleidigung = **Einzelperson**; Modalität der Beleidigung = Verwendung einer Kollektivbezeichnung

z.B. „Alle Würzburger Polizisten sind bestechlich" → Beleidigung der Würzburger Polizisten

⇕

Beleidigung von Personengesamtheiten

Opfer der Beleidigung = **Personengesamtheit** selbst

vgl. vorherige Karteikarte

Wann ist im Falle der Verwendung einer Kollektivbezeichnung die Beleidigung der einzelnen Mitglieder dieses Kollektivs gegeben?

↳ StrafR BT II: Karteikarte 52

Beleidigung unter Verwendung einer Kollektivbezeichnung

Entscheidend: Abgrenzbarer, überschaubarer Personenkreis betroffen

(-): „Die deutschen Richter"
(+): „Die Richter des Amtsgerichts Würzburg"

Bsp.: „Einer der Amtsrichter Würzburgs ist bestechlich"
→ *Alle* Amtsrichter des AG Würzburg sind durch das Lenken des *Verdachts* auf diese überschaubare Personengruppe betroffen

Ist für die Verwirklichung des Tatbestands der §§ 185 ff. StGB die Kundgabe der ehrverletzenden Äußerung erforderlich?
Welche teleologische Einschränkung nimmt die h.M. hierbei vor?

↳ StrafR BT II: Karteikarte 53

§§ 185 ff. sind **Kundgabedelikte**; ihr Tatbestand setzt jeweils die Kundgabe der ehrverletzenden Äußerung voraus
→ **Kundgabe:** Äußerung ist an einen anderen gerichtet und zu dessen Kenntnisnahme bestimmt

Teleologische Reduktion bei § 185

↓

- Äußerungen im engen **Familienkreis über Dritte**
- Äußerungen im besonders engen **Freundeskreis**

Arg.: PersönlichkeitsR (Art. 1 I, 2 I GG) gebietet, dass jeder Mensch im engen Familien- / Freundeskreis vertrauliche Gespräche führen darf
→ schon tatbestandlich keine Beleidigung mangels Kundgabe nach außen

Erläutern Sie die Systematik der §§ 185-187 StGB!

↳ StrafR BT II: Karteikarte 54

§§ 186, 187 betreffen **Tatsachenbehauptungen** gegenüber **Dritten**

- § 186: Tatsache nicht erweislich wahr
- § 187: Tatsache objektiv unwahr sowie dolus directus 2. Grades

⇕

§ 185 betrifft alle **anderen** Fälle

- *Tatsachenbehauptungen* gegenüber dem *Betroffenen*
- *Werturteile* (gegenüber *Dritten* und/oder gegenüber dem *Betroffenen*)

Was ist unter Tatsachenbehauptungen bzw. Werturteilen (vgl. vorige Karteikarte) zu verstehen?

StrafR BT II: Rn. 163, Karteikarte 55

Tatsachenbehauptungen	Tatsachen = Sachverhalte, die Gegenstand sinnlicher Wahrnehmung sein können und dem Beweis zugänglich sind

→ Auch „innere Umstände" wie Charaktereigenschaften, Motive etc.

Werturteile	= Ausdruck der Meinung des Täters; dem Beweis nicht zugänglich

Abgrenzung: Häufig kommt es zu Überschneidungen; dann ist auf den überwiegenden Charakter der Äußerung abzustellen

Worum handelt es sich bei dem Merkmal der Nichterweislichkeit in § 186 StGB?
Trifft den Täter für die Wahrheit der Äußerung die Beweislast?

↳ StrafR BT II: Rn. 165

Nichterweislichkeit, § 186

Nichterweislichkeit = objektive Strafbarkeitsbedingung, kein obj. Tatbestandsmerkmal → Vorsatz des Täters (§ 15) braucht sich hierauf nicht zu beziehen

⇓

Wegen des **Untersuchungsgrundsatzes** (vgl. §§ 160 II, 244 II StPO) gibt es im Strafprozess **keine Beweislast**
Allenfalls könnte man von „Feststellungslast" sprechen: Diese trifft bzgl. der Nichterweislichkeit i.S.v. § 186 den Beschuldigten

Ist § 185 StGB auch bei wahren Tatsachenbehauptungen einschlägig?

↳ StrafR BT II: Karteikarte 57

§ 185 bei wahren Tatsachenbehauptungen?

Grds. (-), denn: Betroffener ist nur in seiner „erdienten Wertgeltung“ schützenswert, z.B.: „Du hast mich bestohlen“ gegenüber Dieb keine Ehrverletzung

Ausnahme

Sog. „**Formalbeleidigung**“, § 192: Ehrverletzung ergibt sich aus Form / Begleitumständen der Äußerung → selbständige beleidigende Wertung des Täters, z.B.:

- „Du bist ein elendes Schwein, weil Du mich bestohlen hast“
- Schilderung intimer Details aus dem Sexualleben des Bräutigams bei einer Hochzeitsgesellschaft

Worum handelt es sich bei § 193 StGB?
Wie ist zu prüfen, ob eine Äußerung zur Wahrnehmung berechtigter Interessen gemacht wurde?

↳ StrafR BT II: Karteikarte 59

§ 193

= Besonderer **Rechtfertigungsgrund**

(1)	Täter verfolgt mit der Äußerung obj. und subj. berechtigte Interessen	v.a. Art. 5 GG: Meinungs- / Pressefreiheit
(2)	Äußerung ist zur Wahrnehmung dieser Interessen geeignet und erforderlich	
(3)	Äußerung ist angemessenes Mittel (Interessenabwägung im Einzelfall)	

Was bedeutet „unbefugt" i.S.d. § 201 StGB?

Handelt es sich um einen verschlossenen Brief i.S.d. § 202 I Nr. 1 StGB, wenn dieser in einem zugeklebten Umschlag steckt? Genügt es für eine Strafbarkeit nach § 202 I Nr. 2 StGB, den Umschlag gegen das Licht zu halten?

↳ StrafR BT II: Rn. 173, Karteikarte 61

Unbefugt, § 201	= Gleichzusetzen mit dem allgemeinen Verbrechensmerkmal der **RWK;** (-), wenn Rechtfertigungsgründe gegeben, v.a. tats./mutmaßl. Einwilligung des Betroffenen
Verschlossener Brief, § 202 I Nr. 1	= Mit Vorkehrung versehen, die der Kenntnisnahme ein deutliches Hindernis bereitet Aber: Keine allzu hohen Anforderungen, sonst § 202 II überflüssig; zugeklebter Briefumschlag **genügt**
Anwendung techn. Mittel, § 202 I Nr. 2	z.B.: Durchtränken mit best. Flüssigkeiten, um Inhalt sichtbar zu machen; das Halten gegen das (künstliche oder natürliche) Licht ist *kein* angewandtes „technisches Mittel“ → § 202 I Nr. 2 (-)

Was ist eine Wohnung i.S.d. § 123 I StGB? Was ist unter befriedetem Besitztum i.S.d. Vorschrift zu verstehen?

Was ist unter Eindringen i.S.v. § 123 I StGB zu verstehen?

§ 123 StGB

↳ StrafR BT II: Karteikarten 62, 64

Wohnung

= Inbegriff der Räumlichkeiten (samt Nebenräumen),
- deren Hauptzweck die Benutzung durch Menschen ist
- und die nicht vorrangig Arbeitsräume sind (dann: *Geschäfts*räume, § 123 I)

Befriedetes Besitztum

= Grundstück, das äußerlich erkennbar gegen das Betreten durch Dritte gesichert ist
z.B.: Umzäunter Garten; unerheblich, wenn Gartentor nicht *abgeschlossen* ist

Eindringen

= Betreten (zumindest: mit einem *Teil des Körpers*) gegen oder ohne den Willen (Einverständnis wirkt *tatbestandsausschließend*!) des Hausrechtsinhabers (= Person, die *rechtmäßigerweise* unmittelbare Verfügungsgewalt hat; z.B.: Mieter)

In welchem Verhältnis steht das unbefugte Verweilen i.S.d. § 123 I Alt. 2 StGB zum Eindringen i.S.d. § 123 I Alt. 1 StGB?

↳ StrafR BT II: Rn. 177

Verhältnis: § 123 I Alt. 1 und Alt. 2

Ist Täter widerrechtlich eingedrungen, hat unberechtigtes Verweilen keine eigenständige Bedeutung; Bestrafung **nur** nach **§ 123 I Alt. 1**

⟷

§ 123 I Alt. 2 nur von Bedeutung, wenn Täter zunächst berechtigt im Raum verweilt, dann diese Berechtigung durch die Aufforderung zum Entfernen durch den Hausrechtsinhaber verliert

Liegt ein widerrechtliches Eindringen vor, wenn der Täter in Verfolgung widerrechtlicher Zwecke wie der Ausübung einer Straftat den Raum betritt?

↳ StrafR BT II: Karteikarte 65

Verfolgung widerrechtlicher Zwecke und § 123 I Alt. 1

Problem: Vorliegen eines tatbestandsausschließenden Einverständnisses?

h.M.	a.A.
Bei TB-ausschließendem Einverständnis kommt es auf Willensmängel nicht an → v.a. bei generellem Einverständnis, z.B. Bankgebäude: § 123 nur (+), wenn Absicht des Täters *äußerlich erkennbar*	Es soll genügen, dass Täter die geistige Barriere des (aus seiner Sicht) erkennbar entgegenstehenden Willens überwindet

z.B.: Bankräuber stürmt maskiert ins Bankgebäude

Warum bedurfte es einer Normierung der Verleitung zum Entweichen und der Förderung beim Entweichen i.S.d. § 120 I Var. 2, 3 StGB?

↳ StrafR BT II: Rn. 181, Karteikarte 67

Verleitung zum Entweichen

= **Anstiftung** (§ 26) des Gefangenen zur Selbstbefreiung

Selbstbefreiung ist straflos → Anstiftung wäre mangels rechtswidriger Haupttat **nicht strafbar**

Fördern beim Entweichen

= **Beihilfe** (§ 27) des Gefangenen zur Selbstbefreiung

Selbstbefreiung ist straflos → Beihilfe wäre mangels rechtswidriger Haupttat **nicht strafbar**

Zur Schließung dieser Strafbarkeitslücken Normierung erforderlich

A befreit den Gefangenen B. B unterstützt den A dabei.
Strafbarkeit des B nach § 120 StGB?

↳ StrafR BT II: Rn. 186

Teilnahme des Gefangenen an § 120 eines Dritten?

Rspr.

Beihilfe zur eigenen Befreiung dann nicht strafbar, wenn der Gefangene nicht mehr tut, als was zum Gelingen der Tat nötig ist (sog. „notwendige Teilnahme“)

h.L.

Strafbarkeit des B (-), analoge Anwendung von § 258 V:

- Vergleichbare, notstandsähnliche Situation wie bei der Strafvereitelung
- Selbstbefreiung wäre straflos; dann muss auch Teilnahme des Gefangenen an seiner Gefangenenbefreiung als „Minus“ straflos bleiben

Beschreiben Sie die beiden Handlungsalternativen des § 132 StGB!

↳ StrafR BT II: Karteikarte 69

Amtsanmaßung, § 132

§ 132 Alt. 1

Befassen mit der Ausübung eines öffentlichen Amtes

Täter gibt sich als Inhaber eines öfftl. Amtes aus und nimmt eine entsprechende Amtshandlung vor

z.B.: Täter gibt sich als Polizeibeamter aus und nimmt eine Verhaftung vor

§ 132 Alt. 2

Vornahme einer Amtshandlung

Täter nimmt eine Amtshandlung vor, **ohne** sich als Amtsträger auszugeben

z.B.: Täter entfernt heimlich ein Halteverbotsschild

Was ist das von § 142 StGB geschützte Rechtsgut?

Ist eine rechtfertigende Einwilligung möglich?

↳ StrafR BT II: Rn. 190

§ 142

Schutzgut = **privates Interesse** des Feststellungsberechtigten an den Feststellungen i.S.d. § 142 I Nr. 1 (nicht etwa: öffentliches Interesse an der Unfallaufklärung)

Rechtfertigende Einwilligung des Feststellungsberechtigten **möglich**, da diese bzgl. des geschützten Rechtsguts dispositionsbefugt sind (wäre nicht der Fall, wenn v.a. das öffentl. Interesse geschützt)

Wann ist ein Unfall i.S.v. § 142 StGB anzunehmen?

StrafR BT II: Karteikarte 70

Unfall i.S.v. § 142

(1)	= Plötzliches Ereignis, das
(2)	im Zusammenhang mit den Gefahren des Straßenverkehrs steht und
(3)	einen nicht ganz unerheblichen Schaden verursacht

(-) **z.B.** bei
- leichten Hautabschürfungen
- Sachschäden von weniger als ca. 25 €

Liegt ein Unfall i.S.v. § 142 StGB auch dann vor, wenn das Ereignis vorsätzlich herbeigeführt wird?

↳ StrafR BT II: Rn. 192

Vorsätzlich herbeigeführter Unfall

Grds. kommt es auf das Verschulden der Beteiligten für den Unfallbegriff **nicht** an; auch vorsätzliche Herbeiführung ist Unfall i.S.d. § 142

Ausnahme:
Fahrzeug wird nicht wenigstens *auch* zur Fortbewegung genutzt, sondern lediglich als Werkzeug zur Herbeiführung eines außerhalb des Straßenverkehrs liegenden Erfolges genutzt → kein Unfall i.S.d. § 142

z.B.: T ärgert sich über seinen Nachbarn N. Deshalb setzt er sich in seinen PKW und fährt gegen den Gartenzaun des N

Inwieweit ist der Begriff des Unfallbeteiligten nach § 142 V StGB einzuschränken?

StrafR BT II: Rn. 193, Karteikarte 71

§ 142 V: Jeder, dessen Verhalten zur Verursachung des Unfalls beigetragen haben *kann* (auch Beifahrer etc.)

Unfallbeteiligter

Einschränkung

Wäre zu weitreichend, wenn „Beitragen" i.S.d. **Äquivalenzformel** zu verstehen wäre → dann z.B. auch Eltern des Unfallfahrers Unfallbeteiligte

Deshalb: nur solche Personen, die am Unfallort im Zeitpunkt des Unfalls anwesend sind (denn sonst macht Pflicht nach § 142 I Nr. 1 / Nr. 2 keinen Sinn)

Wie sind die Anwendungsbereiche von § 142 I Nr. 1 und Nr. 2 StGB voneinander abzugrenzen?

Umfasst die Pflicht des Unfallbeteiligten nach § 142 I Nr. 1 StGB die Pflicht, Angaben zu seiner Person und der Art der Unfallbeteiligung zu machen?

↳ StrafR BT II: Karteikarte 72, Rn. 195

Feststellungsbereite Personen **sind anwesend**	⟺	Feststellungsbereite Personen **sind nicht anwesend**
↓		↓
§ 142 I **Nr. 1**		§ 142 I **Nr. 2**
Anwesenheits- und Vorstellungspflicht		**Wartepflicht**

- Unfallbeteiligter muss gem. § 142 I Nr. 1 nur anwesend sein und angeben, *dass* er am Unfall beteiligt ist
- Vorstellungspflicht umfasst **nicht** die Pflicht zu näheren Angaben
- Allerdings: Er muss die Feststellung seiner Person, seines Fahrzeugs und der Art seiner Beteiligung *ermöglichen*, d.h. so lange anwesend bleiben, bis diese Feststellungen getroffen worden sind

Macht sich ein Unfallbeteiligter, der vom Unfall erst nach Entfernen vom Unfallort Kenntnis erlangt hat, nach § 142 II StGB strafbar?

↳ StrafR BT II: Karteikarte 74

§ 142 II bei vorsatzlosem Entfernen?

§ 142 I Nr. 1 / Nr. 2 (-), da bzgl. Vorliegen eines Unfalls im Zeitpunkt des Entfernen kein Vorsatz, §§ 15, 16 I S. 1
Aber: § 142 II Nr. 2 berechtigtes oder entschuldigtes Entfernen?

h.L. u. aktuelle Rspr.

§ 142 II Nr. 2 (-), da Wortlaut „berechtigt oder entschuldigt" überdehnt würde; sonst Verstoß gegen Art. 103 II GG

Frühere Rspr.

„Vorsatzlos" lässt sich unter „berechtigt oder entschuldigt" subsubsumieren; § 142 II Nr. 2 jedenfalls dann (+), wenn noch enger räumlicher und zeitlicher Zusammenhang zum Unfall besteht

Unter welchen Voraussetzungen liegt ein Vortäuschen i.S.d. § 145d I StGB vor?

↳ StrafR BT II: Karteikarte 75

Vortäuschen i.S.d. § 145d I

Täter täuscht über das Vorliegen einer Straftat, die tatsächlich nicht begangen wurde

Vortäuschen: Täter macht Tatsachenmitteilungen, die *geeignet sind*, eine Ermittlungstätigkeit der zuständigen Behörde auszulösen

Nicht erforderlich, dass Behörde tatsächlich getäuscht wird oder die Ermittlungen aufnimmt; Abs. 1 ist ebenso wie Abs. 2 („zu täuschen sucht") schlichtes *Tätigkeitsdelikt*

Setzt eine Strafbarkeit nach § 145d II Nr. 1 StGB voraus, dass die rechtswidrige Tat tatsächlich begangen worden ist?

Muss für eine Strafbarkeit nach § 145d II Nr. 1 StGB der Verdacht in eine bestimmte Richtung gelenkt werden?

↳ StrafR BT II: Karteikarte 76, Rn. 204

Obj. Vorliegen der rechtswidrigen Tat erforderlich?

e.A.	a.A.
Erforderlich; denn sonst liegt schon § 145d I Nr. 1 vor; zudem spricht Wortlaut hierfür	**Nicht erforderlich**; entscheidend ist die Vorstellung des Täters, der von einer begangen Tat ausgeht

Anforderung an die Tathandlung

§ 145d I Nr. 1 / II Nr. 1 dienen dem Schutz der Strafverfolgungsbehörden → die Mitteilungen des Täters müssen geeignet sein, diese auf eine *bestimmte* „falsche Fährte“ zu locken; z.B. (-), wenn lediglich Verdacht auf den „großen Unbekannten“ gelenkt wird

Kommt eine Strafbarkeit nach § 164 StGB in Betracht, wenn der Täter einen Deutschen bei ausländischen Strafverfolgungsbehörden falsch verdächtigt?

↳ StrafR BT II: Rn. 210

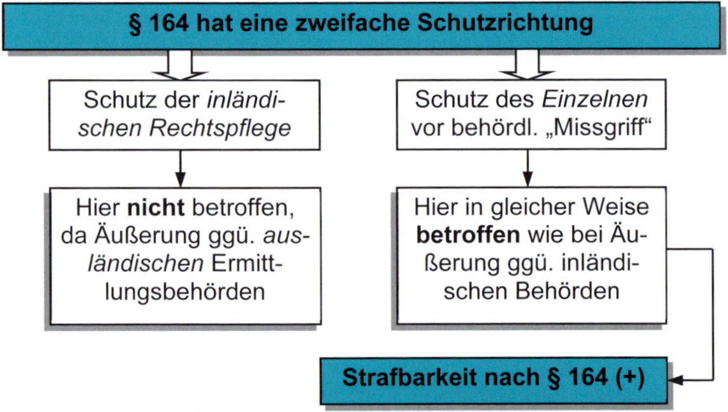

Macht sich nach § 164 StGB strafbar, wer den wirklichen Täter verdächtigt, allerdings durch Angabe falscher Tatsachen (z.B.: Angabe, den Täter beobachtet zu haben)?

StrafR BT II: Karteikarte 78

§ 164 bei Verdächtigung des wahren Täters?

Rspr.

§ 164 (-), setzt Unschuld des Verdächtigten voraus

- Wortlaut: wider *besseres* Wissen bezieht sich auf rw. Tat
- Keine Gefährdung der Rechtspflege

a.A.

§ 164 (+)

- Auch der Schuldige ist vor Prozess aufgrund falschen Beweismaterials zu schützen

Welche zwei Tatbestände umfasst § 258 StGB und wie ist ihr Anwendungsbereich voneinander abzugrenzen?

Was ist der tatbestandliche Erfolg von § 258 I StGB und wann ist dieser anzunehmen?

§ 258 StGB

↳ StrafR BT II: Rn. 213, 214, Karteikarte 79

§ 258 I	§ 258 II
Straf*verfolgungs*vereitelung	Straf*vollstreckungs*vereitelung
Rechtswidrige Tat	Rechtskräftige Verhängung einer Strafe / Maßnahme

Tatbestandlicher Erfolg: „Vereitelung“ → **Erfolgs**delikt:
= Verhängung der Strafe / Maßnahme wird
- ganz **verhindert** (selten) oder
- in nicht unerheblicher Weise **verzögert** (nach h.M. bei einer Verzögerung der Aburteilung von länger als 3 Wochen)

Muss bei § 258 I StGB die Vortat auch schuldhaft begangen worden sein?

↳ StrafR BT II: Karteikarte 79

§ 258 I spricht von *rechtswidriger* Tat, vgl. § 11 I Nr. 5; schließt Schuld **nicht** mit ein

§ 258 I schützt den **staatl. Strafanspruch**; dieser muss durchsetzbar sein, **d.h.:** Vortat muss tbm., rw. und *schuldhaft* sein, keine Strafausschließungsgründe und keine Verfahrenshindernisse

Sonst Vereitelung, dass jemand <u>bestraft wird</u>, nicht möglich, vgl. Wortlaut § 258 I

Vortat muss daher **auch schuldhaft** begangen worden sein

Kann das Verhalten eines Strafverteidigers zur Strafbarkeit nach § 258 I StGB führen?

↳ StrafR BT II: Karteikarte 80

Stellung als Organ der Rechtspflege führt zu Besonderheiten; Strafvereitelung (-), wenn Verhalten des Verteidigers **nach Prozessrecht** als zulässig anzusehen ist

§ 258 I (-) → **Zulässiges Verhalten**

- Darf Mandanten darauf hinweisen, besser vom Schweigerecht Gebrauch zu machen als ein Geständnis abzulegen (§ 243 V S. 1 StPO)
- Darf Zeugen veranlassen, Aussage (berechtigt) zu verweigern

§ 258 I (+) → **Unzulässiges Verhalten**

Darf nicht aktive Maßnahmen zur Verzerrung / Verdunkelung des Sachverhalts ergreifen

z.B.

- Beseitigen von Beweismitteln
- Veranlassen des Beschuldigten zur Lüge

A wird wegen Diebstahls rechtskräftig zu einer Geldstrafe verurteilt.
B zahlt die Geldstrafe für seinen Freund A.
Strafbarkeit des B aus
§ 258 II StGB?

↳ StrafR BT II: Karteikarte 81

Vollstreckungsvereitelung bei Bezahlung einer fremden Geldstrafe?

Teile der Lit.

§ 258 II (+); *Zweck* der Geldstrafe wird vereitelt, wenn Zahlung aus fremdem Vermögen vorgenommen wird

Rspr. / h.L.

§ 258 II (-); *Vollstreckungsziel* ist allein die *Zahlung*, egal aus welchem Vermögen, vgl. §§ 459 ff. StPO

Zudem: Auch Gegenansicht würde § 258 II verneinen, wenn der Dritte die Geldsumme dem Verurteilten geliehen oder geschenkt hätte. Kann bei *direkter* Zahlung nicht anders sein.

Ist eine Teilnahme des Vortäters an der Strafvereitelung eines Dritten zugunsten des Vortäters strafbar?

↳ StrafR BT II: Karteikarte 82

§ 258 I, II betrifft Strafvereitelung zugunsten eines *anderen*; Dritter begeht die Tat zugunsten eines anderen; Vortäter kann an **rw. Haupttat** des Dritten grds. nach §§ 26, 27 teilnehmen

Wichtig:

Ähnlich wie bei § 120: **Selbstbegünstigung** muss **straflos** sein, auch in der Konstellation der Teilnahme
→ hier gesetzlich geregelt: Straflosigkeit des Vortäters nach **§ 258 V**

Ist die Aussage eines Zeugen i.S.d. § 153 StGB falsch, wenn er angibt, X als Täter erkannt zu haben und er dies auch glaubt, jedoch dies der Wirklichkeit nicht entspricht?

↳ StrafR BT II: Rn. 222

„Falsch“ i.S.d. § 153

e.A.: Subjektive Theorie

Aussage dann falsch, wenn Vorstellungsbild und Aussage nicht übereinstimmen

Kritik: *Fahrlässige* Falschaussage nicht möglich, § 161 I

h.M.: Objektive Theorie

Ausreichend, dass Aussage **objektiv** falsch ist, d.h. der Wirklichkeit nicht entspricht

Hier: Zeuge sagt nach obj. Theorie objektiv falsch aus, ihm fehlt insoweit aber der Vorsatz gem. § 15; nach subj. Theorie liegt schon keine falsche Aussage vor → im Ergebnis kann Streit hier dahinstehen

Ist eine Strafbarkeit nach § 153 StGB zu bejahen, wenn im Strafprozess der Zeuge bewusst Falschangaben über sein Alter macht?

StrafR BT II: Karteikarte 85

Der Wahrheitspflicht unterliegen Angaben nur, wenn sie Gegenstand der Vernehmung sind (d.h.: nur dann Strafbarkeit nach § 153 möglich)

↓

Angaben zur Person (auch: Lebensalter) sind Gegenstand der Zeugenvernehmung, vgl. § 68 I S. 1 StPO (im Zivilprozess: § 395 II S. 1 ZPO)

↓

Strafbarkeit bei Falschangaben über Alter nach § 153 (+)

In welchem Zeitpunkt ist die falsche uneidliche Aussage i.S.v. § 153 StGB vollendet? Kann sich der Täter danach noch durch Richtigstellung seiner Aussage der Strafbarkeit entziehen?

↳ StrafR BT II: Rn. 224 f.

Vollendung bei § 153

Vollendung des § 153 mit Abschluss der Vernehmung

- Sobald Aussagender nichts mehr bekunden und kein Verfahrensbeteiligter mehr Fragen stellen will
- I.d.R. mit Beschlussfassung zur Vereidigung des Aussagenden
- Jedenfalls mit Beendigung der Verhandlung im jew. Rechtszug

Nachträgliche Berichtigung kann Vollendung nicht beseitigen; **aber:** § 158 I anwendbar → Strafmilderung / Absehen von Strafe, wenn Berichtigung „rechtzeitig" (Legaldefinition der Rechtzeitigkeit in § 158 II)

In welchem Zeitpunkt beginnt die Versuchsstrafbarkeit des § 154 StGB? Bedarf es der Anwendung des § 158 StGB, wenn der Täter vor Abschluss der Eidesleistung (beim Nacheid) seine Aussage freiwillig berichtigt?

↳ StrafR BT II: Rn. 221 ff.

Versuch und Vollendung des § 154

Versuchsstrafbarkeit: Zeitpunkt des unm. Ansetzens (§ 22) = Zeitpunkt des Ansetzens zur *Eidesleistung* (beim Nacheid)

Versuch strafbar nach §§ 23 I, 12 I: Meineid = Verbrechen i.S.d. § 12 I

Vollendung: Beendigung der Aussage *und* Beendigung der Eidesleistung

Hier: Eidesleistung noch nicht abgeschlossen; Vollendung (-)
→ Rücktritt nach § 24 I möglich; § 158 greift aber subsidiär ein, wenn keine Freiwilligkeit i.S.v. § 24 I vorliegt

Liegt ein strafbarer Versuch des § 154 StGB vor, wenn der Täter irrig annimmt, er sage vor einer zur Abnahme von Eiden zuständigen Stelle aus?

↳ StrafR BT II: Karteikarte 87

Abgrenzung untauglicher Versuch/ Wahndelikt bei § 154

Täter unterliegt Tatsachenirrtum

z.B.: Täter beeidet seine Aussage vor dem Staatsanwalt (unzuständig), glaubt aber, es handele sich um einen Ermittlungsrichter (zuständig)

→ Untaugl. Versuch des § 154 **(+)**

Täter unterliegt Rechtsirrtum

z.B.: Täter beeidet seine Aussage vor dem Staatsanwalt (unzuständig) und glaubt, der Staatsanwalt sei zur Abnahme von Eiden zuständig

→ Irrtum über ein normatives Tatbestandsmerkmal; Einordnung str.:
- **e.A.:** Rechtsirrtum → Wahndelikt
- **a.A.:** Untauglicher Versuch

Vorzugswürdig hier: Wahndelikt

Scheidet eine Strafbarkeit nach den §§ 153 ff. StGB aus, wenn der zuständigen Stelle Verfahrensfehler unterlaufen sind?

↳ StrafR BT II: Rn. 229

Auswirkung von Verfahrensfehlern bei den §§ 153 ff.

h.M.	a.A.
Verfahrensfehler führen grds. nicht zum Ausschluss der Strafbarkeit der Falschaussage **Arg.:** Wortlaut! Z.B. bei Verstoß gegen § 60 Nr. 2 StPO § 154 (+); Berücksichtigung auf Rechtsfolgenseite (BGH)	§§ 153 ff. (-), wenn Aussage wg. Verfahrensfehler prozessual unverwertbar ist **Arg.:** Wenn Aussage nicht verwertet werden kann, ist Rechtspflege nicht beeinträchtigt

Wozu bedurfte es der Normierung des § 160 StGB?
In welchem Verhältnis steht die Strafbarkeit hiernach zur Strafbarkeit wegen Teilnahme an der Falschaussage?

StrafR BT II: Karteikarte 89

§ 160

Zweck	Umfasst v.a. Fälle, die dogmatisch als mittelbare Täterschaft der §§ 153 ff. einzuordnen wären; dies ist erforderlich, da bei §§ 153 ff. als **eigenhändige** Delikte mittelbare Täterschaft i.S.v. § 25 I Alt. 2 nicht möglich
Konkurrenzverhältnis	Bei Teilnahme bzw. versuchter Teilnahme an §§ 153 ff. tritt § 160 als subsidiär zurück Arg.: geringere Strafdrohung bei § 160

T zwingt die Zeugin F dazu, ihm in der Hauptverhandlung ein falsches Alibi zu verschaffen, indem er sie bedroht, sie anderenfalls umzubringen.
Strafbarkeit des T nach den §§ 153 ff. StGB?

↳ StrafR BT II: Rn. 231 ff.

Strafbarkeit der F: § 153, Rechtfertigung wg. Nötigungsnotstand (§ 34) nach **h.M.** (-), allerdings F **entschuldigt**, § 35

Typischer Fall der mittelbaren Täterschaft; § 25 I Alt. 2 aber (-), da § 153 eigenhändiges Delikt
→ **§ 160** denkbar

Aber: T führt den Vorsatz der F herbei und hat Vorsatz diesbezgl. und bzgl. der rechtswidrigen Haupttat → Voraussetzungen der Anstiftung zum § 153 gegeben, **§§ 153, 26**

Zwar grds. Täterschaft *vor* Teilnahme; § 160 ist aber ggü. §§ 153, 26 **subsidiär** (h.M.); hier bei T §§ 153, 26 (+)

X verleitet T zur (uneidlichen) Falschaussage. Dabei hält er T irrtümlich für gutgläubig. Strafbarkeit des X aus §§ 153 ff. StGB?

↳ StrafR BT II: Karteikarte 90

§§ 153, 26?

(-), da doppelter Anstiftervorsatz fehlt: X hat keinen Vorsatz bzgl. der *vorsätzlichen* Begehung durch T
→ subj. TB der Anstiftung (-)

§ 160?

- e.A.: Wegen des Exzesses des Werkzeugs kommt es nicht zur von X gewünschten Tat → Strafbarkeit nur nach § 160 II (Parallele: *versuchte* Begehung in mittelbarer Täterschaft)
- Rspr.: X verleitet T zur Tat, (vollendete / versuchte) Teilnahme nicht gegeben → damit § 160 I erfüllt, Bestrafung wg. **Vollendung** des § 160

Wie auf der vorigen Karteikarte, mit dem Unterschied, dass X den T fälschlicherweise für bösgläubig hält.
Strafbarkeit des T nach den §§ 153 ff. StGB?

↳ StrafR BT II: Rn. 233

§§ 153, 26?

(-), da es an *vorsätzlicher* rechtswidriger Haupttat des T fehlt: T ist gutgläubig, d.h. er kennt die Unrichtigkeit seiner Aussage nicht → § 16 I S. 1

§§ 159, 30 I, 153?

- Versuchte Anstiftung grds. nur bei Verbrechen i.S.d. § 12 I strafbar, § 30 I
- Aber: § 30 I auf § 153 gem. § 159 entsprechend anzuwenden

→ Hier Fall einer solchen versuchten Anstiftung; subj. TB der Anstiftung (+), da X vom Vorsatz des Haupttäters T ausgeht; unmittelbares Ansetzen mit Einwirken auf den Willen des T (+)

§ 160?

Tritt hinter die versuchte Anstiftung zum § 153 als subsidiär zurück

A wird gerade vom Staatsanwalt als Zeuge vernommen. Während einer Pause versucht B erfolglos, den A anzustiften, falsch auszusagen, wobei beide irrig davon ausgehen, A werde gerade vom Ermittlungsrichter vernommen. Strafbarkeit des B nach den §§ 153 ff. StGB?

↬ StrafR BT II: Karteikarte 91

Denkbar: Strafbarkeit des B nach §§ 159, 30 I, 153

- B versucht, den A zur Begehung des § 153 anzustiften
- Die Tatsache, dass die anvisierte Tat des A straflos wäre (keine Versuchsstrafbarkeit des § 153), könnte dabei unbeachtlich sein

⇩

Aber: Wertungswiderspruch:
„Haupttäter“ A wäre bei Begehung der Tat straflos
→ Deshalb **Rspr.:** §§ 159, 30 I, 153 (-), wenn die angesonnene Haupttat nur zum (straflosen) untauglichen Versuch führen kann (= teleologische Reduktion des § 159)

In welche drei Hauptgruppen lassen sich die Urkundendelikte – differenziert nach dem Schutzzweck der Vorschriften – einteilen?

↳ StrafR BT II: Karteikarte 94

Urkundendelikte

Echtheitsschutz

Geschützt = Vertrauen darauf, dass Tatobjekt tatsächlich vom erkennbaren Aussteller stammt

v.a.: §§ 267, 268, 269

Inhalt. Richtigkeit

Schutz vor der „schriftl. Lüge"

§§ 271-273; 277 Var. 1, 278

Äußerl. Unversehrtheit

Schutz d. fremden Beweisführungsrechts

v.a.: § 274; auch: § 133

Was ist unter einer Urkunde i.S.d. §§ 267 ff. StGB zu verstehen?

Urkundenbegriff

↳ StrafR BT II: Rn. 245

Urkunde

(1)	Verkörperte Gedankenerklärung, die	**Perpetuierungsfunktion**
(2)	zum Beweis rechtserheblicher Tatsachen geeignet und bestimmt ist	**Beweisfunktion**
(3)	und die ihren Aussteller erkennen lässt	**Garantiefunktion**

Erfüllt ein auf einem USB-Stick gespeichertes Dokument das Erfordernis einer „verkörperten Gedankenerklärung“?

↳ StrafR BT II: Rn. 246

Verkörperte Gedankenerklärung

- Verkörperung: mit einem festen Gegenstand verbunden (und dadurch gewisse Dauerhaftigkeit besitzend, z.B. (-), wenn Text in den Schnee geschrieben)
  Bei Dok. auf USB-Stick evtl. noch vertretbar, da sich die Informationen auf dem USB-Stick als Speichermedium befinden

- **h.M.:** Gedankenerklärung muss optisch-visuell unmittelbar wahrnehmbar sein → Hier (-), da nur unter der Zuhilfenahme von techn. Hilfsmitteln wahrnehmbar

Dokument auf USB-Stick **keine** Urkunde; Schutz aber über § 269

Erläutern Sie die im Zusammenhang mit dem Urkundenbegriff gebrauchten Begriffe der „offenen“ bzw. „verdeckten Anonymität“!

↳ StrafR BT II: Karteikarte 95

Offene Anonymität ⇔ **Verdeckte Anonymität**

Offene Anonymität: Aussteller verwendet einen offensichtlich unrichtigen Namen („James Bond", „Napoleon")

Verdeckte Anonymität: Aussteller verwendet einen Allerweltsnamen („Müller") **und** es ist kein weiterer Hinweis auf seine Identität vorhanden

↓

Mangels Erkennbarkeit des Ausstellers (genauer: der *Identität* des Ausstellers) Garantiefunktion (-), **keine** Urkunde

Handelt es sich bei einem beleidigenden Brief um eine Urkunde i.S.d. §§ 267 ff. StGB?

Urkundenbegriff

↳ StrafR BT II: Rn. 250

Beweisfunktion: zum Beweis rechtserheblicher Tatsachen geeignet (objektiv) und bestimmt (subjektiv)
→ **Beweisbestimmung** hier problematisch

Absichtsurkunden	**Zufallsurkunden**
Vom Aussteller gerade mit dem Zweck hergestellt, um im Rechtsverkehr Beweis zu erbringen	Beweisbestimmung wird von Aussteller oder Drittem *nachträglich* getroffen
Bei beleidigendem Brief regelmäßig (-)	Äußerlich erkennbarer Akt erforderlich, z.B.: Einbringen des Briefes in einen Zivilrechtsstreit als Beweismittel

Handelt es sich bei Fotokopien um Urkunden im strafrechtlichen Sinne?

↳ StrafR BT II: Karteikarte 96

Grundsatz

Urkunde (-), da nicht Gewähr gegeben ist, dass die Kopie mit dem Original übereinstimmt, Garantiefunktion fehlt (**a.A.:** Beweiseignung in der Praxis (+), daher Urkunde (+))

Anders, wenn Fotokopie beglaubigt, dann Urkunde

Ausnahme

Fotokopie so angefertigt, dass der Anschein erweckt wird, es handele sich um das Original → Urkunde (+)

Was ist unter sog. Beweiszeichen zu verstehen? Grenzen Sie diese von den sog. Kennzeichen ab!

↳ StrafR BT II: Karteikarte 97

Beweiszeichen ⇔ **Kennzeichen**

Beweiszeichen

= **Urkunden**, die keine Schriftstücke sind (a.A.: Urkunden *müssen* Schriftstücke sein)

z.B.: Striche auf Bierdeckel

Kennzeichen

= Sind **keine Urkunden**, dienen typischerweise der Unterscheidung versch. Gegenstände, dem Herkunftsnachweis oder dem Verschluss von Sachen (es fehlt die Beweisfunktion im Rechtsverkehr)

z.B.: Fabriknummern auf Erzeugnissen; Autogramme von Sportlern

Worum handelt es sich bei einer „zusammengesetzten Urkunde“?

StrafR BT II: Rn. 255

Zusammengesetzte Urkunde

Verkörperte Gedankenerklärung wird mit einem anderen Gegenstand (sog. **Bezugsobjekt**) verbunden; dadurch erst Urkundenqualität erfüllt

Erforderlich ist **hinreichend feste Verbindung**; sonst fehlt Beweiseignung, da jederzeit „Fälschung" möglich wäre

- Hemd, das sich in Klarsichthülle mit Preisschild befindet, wenn Hülle nicht verschweißt od. zugeklebt ist: (-)
- Amtliches Kennzeichen an einem Fahrzeug: (+)

Um den polizeilichen Radarkontrollen zu entgehen, überklebt T sein Kfz-Nummernschild mit einer Anti-Blitz-Folie, die das Erkennen des Kfz-Zeichens auf den Lichtbildern unmöglich macht.
Strafbarkeit nach § 267 StGB?

↳ Life&LAW 2000: S. 322 ff.

Urkunde = Kfz + Kennzeichen

- Verbindung Kfz und Kennzeichen als zusammengesetzte Urkunde (+)
- **Aussagegehalt**: „Dieses Kfz ist auf dieses Kennzeichen zugelassen worden" → hieran keine Veränderung → § 267 insoweit (-)

Urkunde = Kennzeichen + Stempelplakette

- Verbindung Kennzeichen und Stempelplakette als zusammengesetzte Urkunde (+)
- **Aussagegehalt**: „Dieses Kennzeichen ist bei der Abstempelung für vorschriftgemäß erachtet worden" → hieran keine Änderung durch Überkleben, denn: Dadurch nicht Anschein, Behörde habe das Kennzeichen *mit* der Folie genehmigt (wäre von Behörde bemerkt worden) → § 267 (-) (aber § 22 I Nr. 3 StVG (+))

X unterschreibt beim Besuch eines Hotels die Reservierung mit „Friedrich II.“.
Hat er eine unechte Urkunde i.S.d. § 267 I Var. 1 StGB hergestellt?

↳ StrafR BT II: Rn. 262

Vorliegen einer Urkunde?

- Denkbar: Fall der offenen Anonymität, Garantiefunktion (-)
- Aber: *Identität* des Ausstellers erkennbar, da X persönlich unterschrieben hat im Beisein d. Hotelpersonals → Urkunde grds. (+)

Urkunde „unecht"?

- Urkunde **unecht**, wenn erkennbarer Aussteller nicht mit tatsächlichem Aussteller identisch ist
- Hier: Tatsächlicher und erkennbarer Aussteller ist **X**; dies sogar dann, wenn X mit dem Namen einer real existierenden Person („Fritz Meyer") unterschrieben hätte: es liegt Namenstäuschung, **keine Identitätstäuschung** vor → bloße „schriftliche Lüge", keine unechte Urkunde

Ist auch bei Verwendung des eigenen Namens eine Herstellung unechter Urkunden denkbar?

↬ StrafR BT II: Rn. 263 ff.

Entscheidend für § 267 I Var. 1 ist das Vorliegen einer Identitäts-, nicht einer Namenstäuschung
→ In seltenen Fällen daher auch § 267 I Var. 1 bei Verwendung des richtigen Namens möglich

Bsp.: Heinz Schmidt (S) bestellte mehrfach bei einem Versandhaus, ohne später den Kaufpreis zu entrichten. Nun bestellt er mit seinem vollen Namen „Heinz Rudolf Schmidt"; das Versandhaus geht davon aus, es handele sich um eine andere Person

S hat seinen richtigen Namen verwendet; dennoch hat er das Versandhaus über die Identität des Ausstellers getäuscht: **Tatsächlicher Aussteller** ist er (S), **erkennbarer Aussteller** ist – aufgrund der Art der Datenverarbeitung im Versandhandel – ein anderer → § 267 I Var. 1 (+)

V unterzeichnet einen Kaufvertrag mit „V in Vertretung für K"; V hat keine Vertretungsmacht. Liegt das Herstellen einer unechten Urkunde vor, § 267 I Var. 1 StGB?

Echtheit der Urkunde

StrafR BT II: Rn. 267

Offene Stellvertretung

D.h.: Vertreter handelt offenkundig in fremdem Namen → Name des Vertretenen muss nicht zwingend angegeben werden

Erkennbarer Aussteller

= der Vertreter, also V

Tatsächlicher Aussteller

= ebenfalls V

→ Tatsächlicher und erkennbarer Aussteller stimmen überein, **keine unechte Urkunde**; Fehlen der Vertretungsmacht ist für Echtheit der Urkunde unerheblich

Was ist mit Fällen sog. „verdeckter Stellvertretung“ gemeint?
Wird hierbei eine unechte Urkunde i.S.d. § 267 I Var. 1 StGB hergestellt?

StrafR BT II: Karteikarte 99

Verdeckte Stellvertretung

D.h.: Vertreter unterschreibt mit dem Namen des Vertretenen

Erkennbarer Aussteller

= der Vertretene

Tatsächlicher Aussteller

= *ebenfalls* der Vertretene, wenn:

(1) Handelnder wollte vertreten

(2) Namensträger wollte vertreten werden

(3) Handelnder hat Vertretungsmacht

(4) Stellvertretung nicht unzulässig

Anderenfalls: tatsächlicher Aussteller ist der Handelnde (der Vertreter) → dann keine Identität von tats. und erkennb. Aussteller, unechte Urk. (+)

Was besagt die Körperlichkeitstheorie, was die Geistigkeitstheorie im Zusammenhang mit § 267 I StGB?

↳ StrafR BT II: Rn. 269 f.

Bestimmung der Person des tatsächlichen Ausstellers

Früher h.M.: **Körperlichkeitstheorie**		Heute h.M.: **Geistigkeitstheorie**
Darauf abzustellen, wer Urkunde körperlich hergestellt hat	⟷	Auf den geistigen Urheber der Urkunde abzustellen Vorzugswürdig, da sonst Rechtsverkehr zu sehr beeinträchtigt; insbesondere Fall der „verdeckten Stellvertretung“ im Geschäftsverkehr üblich

Was ist unter dem Verfälschen einer echten Urkunde i.S.d. § 267 I Var. 2 StGB zu verstehen?

Kann eine unechte Urkunde verfälscht werden i.S.d. § 267 I Var. 2 StGB?

Verfälschungsalternative

↳ StrafR BT II: Karteikarte 100, Rn. 271

Verfälschen einer echten Urkunde, § 267 I Var. 2

Täter nimmt an einer echten Urkunde Manipulationen vor, so dass die Urkunde einen anderen / zusätzlichen gedanklichen Inhalt erhält

→ nachträgl. unbefugte Inhaltsänderung; Urkunde wird dadurch zudem partiell „unecht", wenn Veränderung durch anderen als ursprünglichen Aussteller

Verfälschung unechter Urkunden?

Grds.: Um verfälscht zu werden, muss die Urkunde echt sein; daher keine Verfälschung unechter Urkunden möglich; aber § 267 I Var. 1!

Ausnahme: Es handelt sich um eine echte Urkunde, die nur zum Teil verfälscht wurde → weitere Verfälschung i.S.d. § 267 I Var. 2 **am bislang unverfälschten** Teil möglich

Kann der ursprüngliche Aussteller eine Urkunde i.S.d. § 267 I Var. 2 StGB verfälschen?

Verfälschung durch ursprünglichen Aussteller möglich?

e.A.: Verfälschen setzt voraus, dass hinsichtlich der Veränderung an der Urkunde tatsächlicher und erkennbarer Aussteller nicht übereinstimmen; Verfälschen durch urspr. Aussteller daher grds. **nicht** möglich

h.M.: Urspr. Aussteller nimmt Änderungen vor, nachdem er Abänderungsrecht verloren hat (z.B.: Einfügungen nach Abgabe einer Klausur)

Arg. pro:
Var. 2 hätte sonst keine eigenständige Bedeutung, da alle Fälle auch unter Var. 1 subsumierbar wären

Arg. contra:
- tatsächlicher und erkennbarer Aussteller sind kongruent
- Integrität von Beweismitteln bereits über § 274 geschützt

Liegt ein Gebrauchen einer unechten bzw. verfälschten Urkunde i.S.d. § 267 I Var. 3 StGB vor, wenn der Täter eine Fotokopie der gefälschten Urkunde der zu täuschenden Person vorlegt?

Gebrauchen i.S.d. § 267 I Alt. 3 StGB

↳ StrafR BT II: Rn. 272

Gebrauchen (+), wenn Täter die Urkunde dem zu Täuschenden dergestalt zugänglich macht, dass dieser die Möglichkeit zur Kenntnisnahme hat

Fraglich, ob (+) bei Zugänglichmachen einer Fotokopie

Teile der Lit.	**Rspr.**
Dritter muss Möglichkeit zur Kenntnisnahme der *gefälschten Urkunde selbst* erhalten → Vorlegen einer Fotokopie genügt **nicht**	Vorlegen einer Fotokopie gibt die Möglichkeit zur Kenntnisnahme des *Inhalts* der gefälschten Urk., dies **genügt**; Gebrauchen (+) **Arg.:** Es geht nur noch um das Inverkehrbringen der gefälschten Urkunde → bei Aushändigen einer Kopie (+)

Was ist unter dem Merkmal „zur Täuschung im Rechtsverkehr“ zu verstehen?

StrafR BT II: Rn. 240 ff.

Zur Täuschung im Rechtsverkehr

= Subj. Merkmal; Täuschungsabsicht *neben* dem Vorsatz (§ 15) erforderlich

Täter handelt in der Absicht, einen **Irrtum** über die Echtheit bzw. Unverfälschtheit der Urkunde zu erregen; **dolus directus 2. Grades** (= „sicheres Wissen“) ist insoweit ausreichend

Wie ist das Konkurrenzverhältnis zwischen § 267 I Var. 1 und Var. 3 StGB zu lösen?

Konkurrenzen bei § 267 StGB

↳ StrafR BT II: Rn. 274

Konkurrenzverhältnis zw. § 267 I Var. 1 und Var. 3

Wenn der Täter schon beim Herstellen/Verfälschen geplant hat, die Urkunde konkret zu gebrauchen

→ Zwischen den verwirkl. Varianten besteht tatbestandliche Handlungseinheit; **h.M.:** Bestrafung nur wg. *einer* Begehung des § 267
a.A.: Tatmehrheit, aber Var. 3 tritt als mitbestrafte Nachtat hinter Var. 1 zurück

Wenn der Täter noch keine konkrete Gebrauchsabsicht hatte

→ Keine Besonderheiten, **Realkonkurrenz,** § 53, zwischen Var. 1 und Var. 3

Was ist eine technische Aufzeichnung i.S.v. § 268 StGB?

Wann ist eine technische Aufzeichnung unecht i.S.d. § 268 I Nr. 1 StGB?

↳ StrafR BT II: Rn. 276, Karteikarte 101

Technische Aufzeichnung → Definition in § 268 II

⇩

Einschränkung dieser Definition gem. h.M.: Die vom Gerät produzierte Information muss in einem selbständigen, abtrennbaren Teil des Geräts enthalten sein

→ (+) bei sog. Aufzeichnungsgeräten (z.B. Fahrtenschreiber)

→ (-) bei sog. Anzeigegeräten (z.B. Strom- / Gaszähler; Kilometerzähler)

Technische Aufzeichnung = „unecht“

⇩

Aufzeichnung = unecht, wenn sie überhaupt nicht bzw. nicht so das Ergebnis eines unbeeinflussten Arbeitsvorgangs des Aufzeichnungsgerätes ist, obwohl sie diesen Anschein erweckt

↓

Letztlich nicht anders als Echtheitsbegriff bei § 267, lediglich Modifikation: „Erkennbarer Aussteller“ ist hierbei das Aufzeichnungsgerät

Was ist unter einer öffentlichen Urkunde i.S.d. § 271 StGB zu verstehen?

StrafR BT II: Rn. 283

Öffentliche Urkunde, § 271

Orientierung an § 415 ZPO:

(1) Von einer öfftl. Behörde oder von einer mit öfftl. Glauben versehenen Person innerhalb ihrer Zuständigkeit in der vorgeschriebenen Form aufgenommen

(2) Für den Verkehr nach außen bestimmt

(3) Mit dem Zweck, für und gegen jedermann Beweis zu erbringen

z.B.: Erbschein; Lohnsteuerkarte

Ist § 271 StGB einschlägig, wenn der Täter den bösgläubigen Amtsträger dazu veranlasst, eine Falschbeurkundung vorzunehmen?

↳ StrafR BT II: Rn. 283

Falschbeurkundung im Amt: Strafbarkeit des Amtsträgers nach **§ 348** = echtes Sonderdelikt → täterschaftliche Begehung nur durch Amtsträger möglich; **mittelbare Täterschaft** des § 348 durch Außenstehende **nicht strafbar**

§ 271 soll für diese Fälle der mittelbaren Täterschaft des § 348 die Strafbarkeitslücke schließen → § 271 **(-)**, wenn **Teilnahme am § 348** vorliegt

Hier keine mittelbare Täterschaft, sondern Anstiftung zur Falschbeurkundung im Amt, §§ 348, 26 (Strafmilderung nach §§ 28 I, 49 I möglich)

Sind bei dem Merkmal des „Gehörens“ i.S.v. § 274 I Nr. 1 StGB die Eigentumsverhältnisse an der Urkunde zu prüfen?
Was ist unter einem „Unterdrücken“ zu verstehen?

↬ StrafR BT II: Karteikarte 102

„Gehören“	Auf zivilrechtl. *Eigentumsverhältnisse* kommt es *nicht* an; geschützt wird das **Beweisführungsrecht** einer anderen Person

Z.B. gesetzl. normiertes BeweisführungsR i.S.v. § 810 BGB

„Unterdrücken“	Täter entzieht dem Berechtigten die Benutzung der Urkunde zu Beweiszwecken

Dauerndes Vorenthalten nicht erforderlich; auch nicht: Besondere Heimlichkeit od. räuml. Entfernung
Z.B. (+): Vorenthalten eines Briefes, der versehentl. einem Dritten ausgehändigt wurde

Definieren Sie die Tathandlungsalternativen des § 306 StGB!

↳ StrafR BT II: Karteikarte 103

„Inbrandsetzen“	(+), wenn • ein wesentlicher Teil des Tatobjektes derart in Brand gesetzt ist, • dass der Brand aus eigener Kraft fortbrennen kann
„Durch Brandlegung zerstören“	es kommt zur vollst. / teilw. Zerstörung des Gebäudes, ohne dass ein Brand aus eigener Kraft fortbrennen konnte (sonst Inbrandsetzen; v.a. bei feuerresistenten Baumitteln)

- Beim Versuch des Inbrandsetzens kommt es zu einer Explosion
- Wegen automatischer Löschanlage wird durch das Löschmittel das Gebäude teilw. zerstört

T setzt ein Mehrfamilienhaus in Brand, nachdem er sich vergewissert hat, dass sich dort zurzeit keine Menschen aufhalten. Strafbarkeit nach § 306a I Nr. 1 StGB?

StrafR BT II: Rn. 294 f.

§ 306a I Nr. 1 = *abstraktes* Gefährdungsdelikt →
Einschränkung, wenn konkrete Gefahr gar nicht eintreten *konnte*?

h.M.

Teleologische Reduktion möglich, wenn abstrakte Gefährlichkeit (-)

Allerdings nur dann (-), wenn es sich um **kleine, überschaubare** Objekte handelt; bei Mehrfamilienhaus (-)

→ § 306a I Nr. 1 dann (+)

a.A.

§ 306a I Nr. 1 immer (+), da gerade kein konkretes Gefährdungsdelikt, vgl. Abs. 2

Typisierung der abstr. Gefährlichkeit hat der *Gesetzgeber* vorgenommen; hieran hat sich der Rechtsanwender zu halten

Setzt die Strafbarkeit nach § 306a II StGB die Fremdheit der Objekte nach § 306 I Nr. 1-6 StGB voraus?

StrafR BT II: Rn. 295

§ 306a II nur bei fremden Objekten?

h.M.	**a.A.**
§ 306a II verweist nur auf die Nr. 1-6 des § 306 I, nicht auf das Merkmal „fremd“ → § 306a II auch bei eigenen oder herrenlosen Objekten möglich	Bei fremden Objekten Wertungswiderspruch: Wenn Täter zusätzlich zu § 306 I fahrlässig eine Gefahr i.S.d. § 306a II verursacht, ist nach § 306d I Var. 3 der Strafrahmen geringer als bei bloßer Begehung des § 306 I → § 306a II **nur** bei eigenen od. herrenlosen Objekten möglich

Kommt eine Strafbarkeit gemäß § 306b II Nr. 2 StGB in Betracht, wenn der Täter sein eigenes Gebäude in Brand setzt, um an die Versicherungssumme zu gelangen?

StrafR BT II: Rn. 301

§ 306b II Nr. 2

e.A. / BGH	**a.A. / Teil der Lit.**
Der Versicherungsbetrug gemäß § 263 I, III S. 2 Nr. 5 ist eine „andere Straftat", § 306b II Nr. 2 (+)	Wegen der hohen Strafdrohung restriktive Auslegung d. Ermöglichungsabsicht erforderlich: Täter muss besondere Gefahrenlage d. Brandstiftung ausnutzen wollen; hier (-)

Was ist unter einem Unglücksfall i.S.v. § 323c I StGB zu verstehen? Wann ist eine Hilfeleistung nicht mehr zumutbar?

↳ StrafR BT II: Karteikarte 106

§ 323c I

Unglücksfall

= Plötzlich eintretendes Ereignis, welches eine erhebl. Gefahr für Personen oder Sachen mit sich bringt bzw. zu bringen droht

Zumutbarkeit

→ Zu bestimmen nach allgemeinem Sittlichkeitsempfinden; Abwägung zw. den Gefahren der Unglückssituation und den Interessen des Täters

- **Unzumutbar** etwa bei eigener Gefährdung des Lebens
- Regelmäßig **zumutbar** auch bei Gefahr der eigenen Strafverfolgung

Welche Grenzwerte sind bei der Feststellung einer alkoholbedingten Fahruntüchtigkeit i.S.d. § 315c I Nr. 1 StGB und § 316 StGB bei dem Führer eines Kfz zu beachten?

Fahruntüchtigkeit

↳ StrafR BT II: Karteikarte 108

Alkoholbedingte Fahruntüchtigkeit: Richtwerte der Rspr.

Absolute Fahruntüchtigkeit

Ab **1,1 Promille**; Fahruntüchtigkeit wird **unwiderleglich** vermutet (Fahrrad: ab 1,6)

Relative Fahruntüchtigkeit

Ab **0,3 Promille**; typische Ausfallerscheinungen müssen hinzutreten

Was ist unter „grob verkehrswidrig" und „rücksichtslos" i.S.d. § 315c I Nr. 2 StGB zu verstehen?

↳ StrafR BT II: Rn. 316

Grob verkehrswidrig und rücksichtslos, § 315c I Nr. 2

Grob verkehrswidrig → = Besonders schwerer Verstoß gegen die Verkehrsregeln

Rücksichtslos → = Wer sich aus eigensüchtigen Gründen oder aus Gleichgültigkeit über seine Verkehrspflichten hinwegsetzt

- Wird nach h.M. im subj. TB geprüft
- Besonderes pers. Merkmal i.S.d. § 28 I (str.)

Ist § 315c I StGB einschlägig, wenn der absolut fahruntüchtige Täter eine längere Strecke einen Anhalter mitnimmt?

↳ StrafR BT II: Karteikarte 107

§ 315c I = konkretes Gefährdungsdelikt

§ 315c I setzt das Vorliegen einer **konkreten Gefahr** voraus
→ Situation, bei der Eintritt bzw. Ausbleiben der Verletzung nur noch **vom Zufall abhängt**

Hier evtl. konkr. Gefahr für den mitfahrenden Anhalter
→ **h.M.** (-), da Dauer der abstrakten Gefährlichkeit nicht zu einer konkreten Gefahr führt; es hätte einen **„Beinahe-Unfall“** geben müssen → § 315c I (-)

T fährt mit 1,5 Promille mit seinem Mietwagen auf einer kurvenreichen Landstraße. Der Wagen kommt wegen der Fahruntüchtigkeit des T ins Schleudern. T kann einen Unfall gerade noch vermeiden.

Strafbarkeit des T nach § 315c I StGB?

↳ StrafR BT II: Rn. 317

Konkr. Gefahr der erhebl. Beschädigung des Mietwagens;
Problem: Taugliches Tatobjekt?

Mietwagen = für den Täter *fremde* Sache von bedeutendem Wert; grds. § 315c I a.E. (+)

h.M.: Fahrzeug wäre zugleich Tatmittel und Tatobjekt → Gefährdung des Fahrzeugs bleibt außer Betracht, § 315c I (-)

a.A.: § 315c I soll fremdes Eigentum schützen, auch der Eigentümer des Tatfahrzeugs ist schützenswert, § 315c I (+)

Mitfahrer B feuert den Fahrer T zu einem Verkehrsverstoß i.S.d. § 315c I Nr. 2 StGB an; es kommt beinahe zu einem Unfall.
Dritte werden nicht gefährdet.
Strafbarkeit des T nach § 315c StGB?

StrafR BT II: Rn. 319

§ 315c bei Gefährdung des Teilnehmers?

e.A.	a.A.
In dieser Konstellation würde § 315c allein B schützen; dieser ist aber Teilnehmer der Tat, so dass B aufgrund seiner eigenen Gefährung bestraft würde Erscheint unbillig („Konfusion“)	Derartige Einschränkung ist § 315c nicht zu entnehmen → Lösung evtl. über rechtfertigende Einwilligung des B (str.; nach BGH bei § 315c I Einwilligung nicht möglich, da primär Schutz der Allgemeinheit)

Kann auch ein Verkehrsteilnehmer Täter des § 315b StGB sein?

↳ StrafR BT II: Rn. 327

Grds.: § 315b erfasst im Gegensatz zu § 315c nur Fälle der Gefährdung des Straßenverkehrs **durch Dritte**, die nicht Verkehrsteilnehmer sind („Eingriff“ in den Straßenverkehr)

Ausnahme: Verkehrsteilnehmer nimmt einen *verkehrsfremden* Eingriff vor, indem er einen Verkehrsvorgang zum Eingriff in den Straßenverkehr „pervertiert“

- § 315b I Nr. 2: absichtliches scharfes Bremsen, um Auffahrunfall zu verursachen
- § 315b I Nr. 3: Zufahren auf einen Polizisten, um diesen zum Freigeben der Straße zu nötigen

Rspr.: Eine Strafbarkeit gem. § 315b setzt in den Fällen der Zweckentfremdung eines Fahrzeugs einen **Schädigungsvorsatz des Täters** voraus. Nur dann § 315b neben § 315c denkbar

Schildern Sie die Systematik der §§ 331-334 StGB!

↬ StrafR BT II: Karteikarte 112

Systematik der §§ 331-334

	Pflichtgemäße Amtshandlung	Pflichtwidrige Amtshandlung
Strafbarkeit des Amtsträgers	§ 331	§ 332
Strafbarkeit des Vorteilsgebers	§ 333	§ 334